新世代心念意識改造提升系列（三）

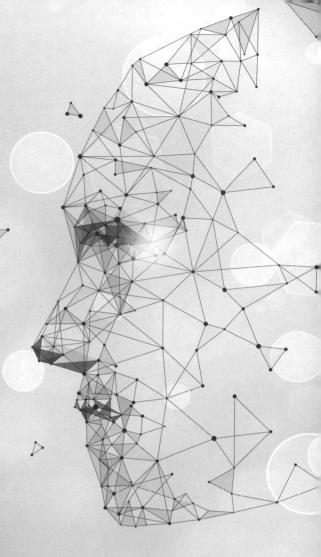

破解
意識程式

韓乃國、李圓｜合著

推薦序（一）

　　《破解意識程式》是靈明佛乘宗五年來所推出的第五本天書，由中華燃燈印心協會贊助出版。

　　之前的《人生目的》、《信仰與實修》、《心智內化》以及《佛乘般若》皆是循序漸進，引導眾修子認識宇宙演化的真理與實相，教導根器成熟的佛子啟用本心，直接入於見性之實修。

　　佛乘含包所有乘，是成道之不二法門。「乘」之原意為渡河之舟，引申而喻為幫助世人脫離困苦之法。起修的過程中仍需先以一些方便、感應、權宜、顯化之有為法，引導眾生出離人類世界二元對待之幻境，但最終必須不執任何一法一念，連渡河之舟亦要捨棄，方能

登上彼岸。

自古以來，飽讀詩書、滿腹經綸的士大夫，是社會中最受人尊崇的對象，若能再恪遵五倫八德，造福黎民，則近乎聖賢，但這些人中龍鳳距離佛境仍相去甚遠。人類所居的三維空間是個器物世界，也是個大染缸，一切皆是以眼見為憑。由眼、耳、鼻、舌、身、意等六識組成的「識心」，是生存所依賴的工具，但甚少人知道他們所重視的身體只是靈性的載具而已。

生命的週期在宇宙中猶如電光石火，一閃即逝，若不能把握身體健在的機會，讓不生不滅的靈性脫離垢染的束縛，就只能繼續在六道中生死輪迴。

佛乘教導實修之人，不論才識多麼過人，皆需以「佛知見」取代生活中原本所依賴的世智辯聰。至修持功夫深厚時，即使連佛知見亦要放下，方能彰真如，修成法身，開顯本然之

天真佛性。所謂放下，即是不執著之意，此時所用的心不是一般人所認知的凡心，而是《金剛經》中所說的「無所住心」，亦可稱之為道心、佛心。

初入門的佛乘修子常將真如定義為空性，然後由空境作次第性的演繹，再入於空中妙有。這樣的認知其實是不正確的，因為真如的狀態本即是非空、非有，亦空、亦有，也就是空中即有，有中亦空，亦是所謂的「空有一如」，正如《心經》中所說的「色不異空，空不異色；色即是空，空即是色」。因此佛子應不執有，亦不執空，不執任何一法、一物、一念，於生活中處理所有人、事、物的問題後，切莫在八識田中留下深刻的印記，以免成為繼續輪迴的種因。

佛的境界不可思議，十方周遍法界皆是佛的法身。若要朝此目標邁進，必須先把「小我」滅掉，達到「無我」的境界。此一過程必

須從破除我執、法執、放下個體的意識作起，每個人的習性、慣性、秉性、個性就是由這些意識累積形成的。《破解意識程式》一書即是在教導修子將已經固化的意識徹底消除，恢復靈性原本的清澈、空靈與純淨。

　　破解內在的意識程式為何如此重要？因為慣性意識思惟即是將每個人困陷在輪迴漩渦中的強大業力。具體的作法必須先從收攝向外攀附的識心下手。識心若不降伏，出離生死輪迴無望。

　　實修的佛子何其有幸，能獲得上蒼下化的「契印真如」法寶，若能以此一心法精進不懈，將可防止識心蠢動，時刻由本心與本靈元神做自己的主人，則成道必然指日可待。

中華燃燈印心協會理事長

韓乃國

2020.12.28

推薦序（二）

　　人生的真諦是什麼？

　　是來創造一番有始無終的事業，而等著老、病、死的無常到來，一直不斷重覆這些劇本，想來已歷好幾個千萬年了，您不累嗎？

　　事實上，有人身就不自由，甚至在六道，在三界內我們都一樣不得自由！

　　為何不得自由不得解脫呢？

　　因為我們累世以來習慣性的思維、慣性的動作、任性的僵持，如此浸淫疊加在無間的「意識」中不得出離人身的束縛、六道的輪轉乃至三界的四無邊處天，依然在「有意識」之中無法解脫！

　　古詩云：「人有貪凡之心，故有輪迴之路；仙無塵緣之意，乃無生死之門。」

而深植我們妄想的意識、潛意識，都是累世、累劫的無明、我執……不斷薰習之垢穢在無盡之意識大海中交織此「眾念叢生」的眾生了！試想，若不勘破這無明的障礙、無盡的垢穢意識，我們將無間的在三界、六道中輪轉生生死死，永難出離。

　　《破解意識程式》終於要付梓出版了，此書是我尊敬的大德李圓善知識，經其聞、思之修為及感召「天啟」疾筆成書，並經由本會之創會理事長韓乃國大德之編排、校稿而成；有善緣得遇此書若能深入「持、修實踐者」猶如暮鼓晨鐘、震聾啟聵，直搗無明之障礙、破除意識之程式，終能回歸虛空實相之一體中！

　　書中所言字字珠璣、句句箴言、段段精采、篇篇導人入理，讀者宜字句斟酌、反芻體悟、勵行於「理、事」之日常間，則常能法喜充滿、靈光乍現，必融會啟現於當下之般若性海矣！

書中第一章提及：人原本可以俱備思考、判斷、選擇的能力，但一般人大都循著生命基本之原始慾望，加上各別心理（個別之業識）上的種種特性，交織成「生命的藍圖」，意識系統運作十分縝密，可以造就萬般的現象，但終是依循一定的規律與軌跡（累世之習性與慣性）……而命運的徹底改造，只要能悟透上天賦予的「神聖力量」即可不再盲目地隨心妄想，不斷遭受得失、痛苦、煩惱來阻擋「智慧的展現」。

另者在第二章提到的：（1）一般人都抱怨上天不公平，自己卻沒有利用既有的條件來改善生存際遇，創造更美好的呈現；（2）自己此生的際遇跟累世有關，「若不隨境轉念」則慣性的不良模式運作，絕不可能改善命運，更遑論提昇生命的層次與價值；（3）所有眼見的外在不圓滿，都是因為自己內在所缺陷的，以「平靜的心」接受外在的一切不圓滿，方是自

己內在圓滿的實現。

第三章也提到：（1）人類的心靈逐漸陷入空虛與不安，此種感覺甚至促使人們以追求更多物慾來填補心靈上的匱乏，殊不知「心靈是超越意識的認知」，真正的富足是於「內在覺醒」後才發生的！（2）大多數人終生皆是錯用功夫，即使已踏入心靈探索之旅，都僅是在「心外下功夫」仍迷失於境相上；（3）人因為想尋求解脫痛苦與煩惱的束縛而開始靈修入於心靈探索，學佛、研究心理學或哲學的領域，但在內在還未覺醒之前，仍免不了被「凡人知見的框架」所限。

書中更提及：如何創造不朽性德之光輝，此乃是生命最大的意義……（第四章）想來實現人生的真諦和終極法身壯大、回歸真如性體法界實相，除了鑽研此書並與眾善知識上求法理，並下化諸有情親友自己之體悟與悲心，方是度人度己之普世良方。

後學才疏學淺道學實修均不足，幸運在協會韓理事長、所有精進實修，有志一同的夥伴及眾大德善知識努力下，期能體悟書中之無上甚深微妙法，共研、共習、共修、共成，是為序。

靈明佛乘宗宗務祕書

陳勝發

2020.12.20

推薦序（三）

人生必修的一門功課學分：回復本來的自己。

現今是靈性醒覺的時代，越來越多人內心深處渴望從終日感官外放所得的知見表層轉向內心反躬自省，去探究心靈深處更寬廣卻一直被忽視的潛意識與集體潛意識，以認識神聖高我意識的宇宙生命真相。各人雖方法不一，但都是走向重新體認神聖真實自己的人生旅程。

《華嚴經》第四會覺林菩薩偈節錄：「譬如工畫師，不能知自心。而由心故畫，諸法性如是。心如工畫師，能畫諸世間。五蘊悉從生，無法而不造……。」心如天地一幅畫，含遍日月星辰、山川大地、萬家燈火。人身在其中，演盡悲歡離合與愛恨情仇糾葛。演戲如

傻，看戲如癡，只知執著一切畫相，卻不知畫依附於畫布，無布便無畫，如是迷惑於表象循環不已。

眾生本具如來佛性，用於日常作息卻不自知，如現代人終日運用便捷的手機，卻不知手機積體電路核心系統能創造、互聯、了知一切程式APP功能運用。欲做自己靈性之主人，須先認識那玄妙的核心，才能洞悉萬象。

很榮幸受協會韓理事長於《破解》一書出版前，囑咐我從一個平凡上班族的角度來與讀者們分享讀後心得。宇宙真理不因物換星移而改變，這本書以白話貼近現代文字用語，重新闡述：諸佛與眾生一體無二、從未分離。希望有緣閱讀本書的人，能認識佛乘教育思想的精神主軸，度自心的妄執、妄念，開顯自性本質之般若智慧。

三界之內一切唯心造。由心念所形成的意識能影響自己的生存環境、造化，以及人類的

共同命運,因此每個人應重新認識自己,改正自我習以為常、作繭自縛的錯誤知見,將生命重新校正,擺脫遮障靈性的制約,進而用真如神性創造莊嚴、豐盛、自由自在的人生。

　　書中有許多寓意深遠、發人深省的闡述,略以下列段落與心得跟大家分享:

◎每個人的心靈皆有一宇宙源頭最純粹的因質,能與天地宇宙互通相連,即是眾生皆有的佛性。讓我們放下感官現象的追逐,重新認識自己所具有的靈性是何等尊貴、神聖、萬能。我們切不可妄自菲薄,應立定目標,改造更新自己,放下二元思維,認識宇宙實相,喚醒自己心中的巨人!

◎何謂萬象?萬象都建立在內心認知的世界,若終日忙於處理外在的一切,由顛倒妄想期待從枝末事務去解決問題,不如從改造內心運作模式下手,去開顯龐大無限的創造功

能。

◎生命真相是短暫聚合的因緣過程，如何破解
這些現象？把心放在一個不受任何因素干擾
的狀態！心如何能不被外在干擾？必須徹底
明悉宇宙萬象與自心的緊密關係！

◎人把一生的「運途」都盲目地交給外在因素
去左右，卻不知一切的困頓，都源自於自己
忘了自己是「誰」！

◎世人認為正常人際交往現象，正是人類千古
無法跳脫的循環模式。人與人之應對進退都
建立在一個「我」在付出、犧牲的意識錯
覺。

◎提升生命品質的竅門，在於放下既定思考模
式與起伏不定的妄念，最好在歷事之後立即
放下所有相關認定，以淨空意識方式將可能
固化的意識程式破解。

◎每個生命都來自於源頭最珍貴的祝福與本
質，唯有在毫不造作勉強、不受固化觀念的

框架式制約時，才能自然地綻放生命的光
采。

　　書中以日常生活現況、遭遇、處境舉例，
其內涵主要針對人心之意識框架限制一一解
析、破除，亦是系統性、有漸次就妄心與真心
作詳實之剖析，以俾大眾能有所依止，循序深
入觀照，破除無明之纏縛。

　　改善自己的命運最根本的作法，即是向自
己內心去下功夫，藉以導入佛乘本懷教育思
想。正值幸福美滿的你或因挫折苦難而心生怨
恨的你，在志得意滿之際或徬徨迷失之際，若
對於人生意義與價值的提升感到迷惑，或許您
不需止步於生澀經文而嘆息，可以更輕鬆閱
讀，讓此書淺顯易懂的文字帶領您認識宇宙生
命起源的真相，進而與傳統經教參照，融會貫
通，以樂觀自信勇於面對人生挑戰。這應是著
作與編輯群最大的期盼。

中華燃燈印心協會
桃園讀書會　會長

陳桂彬

2021.1.3

作者序

　　人皆以心理狀況來承受自己內在意識作用的後果。在此不如意事十有八九的無常世界，你是否甘受於現狀？

　　若想改變自己目前所面臨的一切，必要找到一個根本且有效的途徑下手。除非你十分樂意讓這樣的生活繼續，否則此書將引領你正視造成這一連串煩惱不堪、恐懼、不確定性的生存模式。

　　人的生命具備了生理、心理、物理諸多的面向總和，而生理之感官神經系統接觸外在客觀物質生存環境，對心理產生了因人而異的覺受、認知與了別功能。此原本是生命生生不息的演繹過程，也是相當微妙且精采的設定程式。然而心之自由意志在此花花萬象的物質宇

宙空間呈現多元面向，卻失去了真正的主控權，只能成為受感官覺受驅役的奴僕，使得喜悅神聖的本能隨之喪失殆盡，以致不斷循環反覆的負面能量磁場緊緊地控制了來自光明世界的天使。

意識屬於相當複雜的心理作用結構，欲破解僵化滯礙的思想慣性並不簡單，所以須要有效且針對性的方法，但不是固定的模式套路可以解決所有人心理上的毛病與問題。外在對於彼此之間都只注意到表層意識，僅以行為、語言、肢體來互相應對，甚少進一步探究人心更深層的潛在意識。其實深層意識是每個人性格差異最廣泛隱藏之根本處。

破解是為了擺脫慣性的運作模式，進化升級需要有所取捨，但取捨之間如何不再落入得失、苦樂的陷阱，即是要有智慧的判斷力。

生命實相自由性，不可固執又多心；
常保善良守天真，莫須招惹苦心情。
起心動念多觀照，當行應行誠懇心；
聰明一世終無常，智慧善念當力行。

人們經常患了一個普遍性的毛病，就是都在於結果上面抱怨，而不知預防性地避免心生歹念。須明白：行為已是心念所發動的事務鏈末端的結果。如果能夠徹底反思、深入思考，甚至在於念頭生起之初即知曉如何轉念，能辨識不好的心念，增長良善的意志，如此外界的境相必然隨內心意識的清靜來與宇宙間的善氣、好磁場相應，這即是真正能趨吉避凶的不二法門。

意識層面心理學，升級進化先破解；
程式設定自主性，揚昇高超新世界。

序言於中華燃燈印心協會
2020.2.19

目　錄

破解意識程式

第一章　意識激活　生命進化

思想模式成慣性，意識固執痛苦因；

激活改進舊觀念，生命揚昇境界新。

　　生命主要之運作系統皆循著一種模式在進行。萬物及人類都依照一股無形的支配力量在運行，可惜人雖俱備思考、判斷、選擇之能力，但大都僅是循著生命基本的原始慾望，加上各別心理上的種種特性，交織成生命的藍圖。在於心理意識的作用下，所形成的際遇好壞以及因緣的建構，又造下更為複雜的心理層面。

　　「意識」一詞不論中西古今任何探索心理的議題，皆會碰觸到這個層面，但雖然已經是對於人之行為背後的形成因素來溯源追根，卻

又因為人心的分別與妄想，仍是在侷限性的意識模式下運作。本來可藉由探尋心理功能的抽絲剝繭，來解答人類因不良意識作用所造成的痛苦煩惱，然而結果卻淪為一種學術性的研究而已，或是被當成自我優越感的思想籌碼。

認識意識功能原本是欲藉此更加可洞悉：每個行為、語言乃至種種表現，都來自於心識的作用呈現，因此對於生命無時無刻不在運作的系統，若不能明晰其系統的運作模式，僅是被動的受到心理意識的作用綑綁內心的自由度，那是相當悲哀的。

意識的系統運作十分縝密，亦相當神奇微妙，雖然可以造就萬般的現象，但終是依循一定的規律與軌跡，故命運的徹底改造，只要能真正悟透此上天賦予的神聖力量，即可不再盲目地隨凡心妄想不斷遭受得失、痛苦、煩惱來阻擋智慧的展現。

僵化的思想觀念是生命受到控制、滯礙的

主因。**在提升意識的自由度上，首先需要練習將慣性的思考模式改變**，而造成僵化性的思想觀念都是因為人很難放下自我的堅持、立場與角度，凡事都以自我意識的出發點去論斷、解讀所有的事件。尤其是甚難以縮小我執的立場去應對，因此在於自我本位主義強烈下的心理展現，絕對是對立、衝突的根源。

　　人自出生那一刻起，便無法獨自存活下來，必要透過社會化的生存模式來成長。雖然每個人的環境與生存的條件差異極大，但在此地球生存空間的人類，心理層面上都因為相似的生存環境（二元對待）而有著類似的心理作用。如何超越客觀的環境與主觀的心理作用，則是此世界人類最主要的生命課題。

　　可笑的是！人之意識（即所謂的感官功能），都僅注重在外界，很少有覺性去向內在尋找原因。即使研究心理探索意識的專家，都很難掌握自己的意識運作，不明自己心理的狀

態由何產生，只是當成一門學問，或是拿來分析旁人的問題，甚少用來檢視自己，更別說透過明曉生命運作模式而破解意識程式的既定設限。

意識的功能是相當複雜的運作系統，明白意識系統對生命層次的影響力，更要進一步能自主掌理此系統的功能，才是破解僵化程式的力量。

> 人之煩惱因固執，行為語言加妄思；
> 心情思緒難控制，只因念頭總外持。
> 看人問題皆能知，不肯檢討改模式；
> 生生死死盡如此，不知痛苦至何時。
> 意識系統心功能，收心少慾生妙智；
> 洗心革面去我相，心智系統運作施。

現代人最重要、唯一必要選修的功課即是認識自我。一般人非但不認識別人的內心世

界，僅憑自己的意識解讀、斷定別人，更不認識自己的內心世界。雖然不認識，但心理意識系統卻照常在運作。所以人只能被動地隨自己的感官以及意識狀態的固有模式來運作。

在意識沒有進一步活化、改寫程式之前，只能循著既定的生命品質運作。當然這在宇宙間亦是一種生命形式，但是整體的大自然運作系統都會在適切的時機介入，來提升所有生命的進化。若能自主性的升級，即可早些投入進（淨）化生命的天使行列，更可避免被動地遭遇身、心、靈的重大衝擊。

第二章　心生不滿即智未圓滿

世事多變終無常，人心難料總不安；

外界紛擾由心態，內界平靜便順暢。

　　人都是處於自我的內心世界所建構的現實
環境中。一般人或許無法體會，也難以想像內
在心理對外在環境，甚至是物理，有何關聯，
僅認為外在的客觀環境並非是自己可以控制
的。比方說，自己的身世、相貌、智商、所處
的社會環境等，似乎沒有一項是自己可以控
制、主導的。僅有一部分人相信：前世今生可
能都與這些客觀條件有密切且直接的關係。

　　絕大多數的人對於自己現實生活中一切既
定的條件，都是被動地承受，甚至抱怨上天不
公平，自己卻沒有利用既有的條件去改善生存

際遇，創造更加美好的呈現，而僅是在原有的基礎上消耗有限的福報，不懂得增添福慧，因而使得自己的生命內涵更加匱乏、困窘。

　　人類所生存的世界是一個因緣多變化的世界，具有很多可以提升生命品質的機會，只是一般人都習慣把心思專注於外在的事務上，喜好觀察、評論他人的是非與短長。

　　本來在社會群體相互交往的過程中，可以從他人的經驗借鏡，累積不少有益自己心智成長的見聞與知識，增長自己的智慧，但大多數人都不知善用這種機會，反而將寶貴的時間用來閒話瑣事，議論別人的行為舉止，臆測別人的動機與心態。

　　然而，真實的情況往往跟自己所想的根本不一樣。這種言不及義，喜好論斷他人是非的習慣，不但對自己的心理、智商沒有一點增長的幫助，反而使得自己的心思總是被不清淨的想法佔滿，或者又更進一步因自己的成見而與

他人產生摩擦，這是相當不智的作法，也是世人最常犯的毛病。

不知從身、口、意下手來改造、淨化，這即是人難以產生智慧的主要原因。身體所表現的是行為造作；口說言語可以呈現不同的語氣；所表達的意念即是心中的想法。一般人常不經意地運用身、口、意的功能，造作一些不良的後果，使得自己未來必須承擔的業力更加沉重。

每個人都必須明白：**自己此生的際遇跟過去的行為、語言、思想所形成的意識形態與人格，有直接的關係。**有了這種認知，才有可能驅使自己從身口意開始淨化、改造自己的命運，否則若是繼續以慣性的不良模式運作，絕不可能改善命運，更遑論提昇生命的層次與價值。

心理因素是環境因素的催生條件，但人都不懂此最基本的原理，總是在外在的結果上尋

找改善辦法，而不知由自己內在心態上去轉念，從思想上去導正。

　　自己內在的心態雖有許多不良觀念需要改變，卻是自己不易察覺的，只因自己的心總是放逸於外境，即使偶爾回到內心世界，也是胡思亂想，把生活中經歷的人、事、境、物深深地刻畫在記憶中，讓憂悲苦惱交織成心中的幻境，將生命的能量耗費在這些煩惱、痛苦、喜怒哀樂、無常變化、終不可永恆的情境與事務上。

　　人即使得到了自己所欲求的，滿足了心願卻又陷入害怕失去的恐懼與不安。一旦真的失去，即會更加重匱乏、貧困的痛苦感受。這些道理雖然人人都懂，但很難讓人因此而生起出離世間的決心。何以如此？只因**一般人都不了解宇宙間還有比人類的娑婆世界更安定美好的世界。然而要晉升到那種國度，必須先清理、轉化自己內在的負面意識能量，才能相應那樣**

高頻率的生存空間。

心相決定境層次，深明意識顯心智；
擺脫慣性去妄想，自主生命謂先知。
揭人過非最愚癡，自淨其意不宜遲；
朗朗智慧因心止，雲開見日覺悟時。
凡事不滿自無智，心態反映內心識；
圓成實性根本智，停歇妄想自然知。

　　所有眼見的外在不圓滿，都是因為自己內在有缺陷。以平靜的心接受外在一切的不圓滿，方是自己內在圓滿的實現。當內心全然平和，不受境相干擾，即不會受到意識所構建的假象欺騙。因此不要忙於解決外在與別人的問題，先由自己內心反省檢討，沉澱淨化，即可發現：原來一切的不平與不滿，都是自己內在的不足所產生的考題。明白此一道理，即可通

過生命中最大的障礙。

第三章　覺醒發生自內在

如夢人生終迷茫，東奔西闖總是忙；

僵化意念成習性，覺醒由來自心轉。

　　人之生命層次會一直處在一種特定的模式
與品質，都是因為心態所造成。而一般人的集
體意識與普遍認定的價值，又創造了共同的生
存環境。

　　在普世價值都趨向於物質享受，卻漠視精
神與心理探究之際，人類的心靈逐漸陷入空虛
與不安，此種感覺甚至促使人們以追求更多物
慾來填補心靈上的匱乏。殊不知心靈是超越意
識的認知，**真正的富足是於內在覺醒後才發生
的。**

　　人只是在六根意識不斷建構的情境中作著

一場大夢，一個透過感官覺受與固有思想模式不停運轉、強化所產生的現象上之幻覺。

以宇宙的實相與法則來觀，生命的誕生與老死卻是一種莫大的恩典，因其在每一期分段式生死的生命歷程中，不斷給予靈性重新來過的機會。但一般人總是不能體會生命循環的目的與意義，僅以大眾化的認定將誕生視為美好，將死亡看成悲哀。這種現象正說明了人的意識受到極大的僵化性思惟所影響，以致生命不能由擴張意識的高度、深度與廣度來達到意識進化的目的。

覺醒必定發生自內在，可惜人的意識與感官已習慣於向外在的世界去探索，由外在的景物、情境、氣氛左右自己的心思，卻渾然不知**自己的內在有一股神聖的力量，而所有外來的人、事、物、境等因緣，唯一的目的無非是促成每個生命的覺醒。**

然而多數人終生皆是錯用功夫，即使已踏

入心靈探索之旅，都僅是在心外下功夫，仍迷失於境相上。殊不知所有外在因緣的呈現都是心之作用力的產物，其創造源頭終不離心念。

人因為想尋求解脫痛苦與煩惱的束縛而開始靈修，入於心靈探索、學佛、研究心理學或哲學思想的領域，但在內在還未真正覺醒之前，仍免不了被凡人知見的框架所限。有時甚至因為相信了未真正證道解脫之「大師」所宣傳的教條，又形成了心裡另一個僵化的制約，不但沒有使得心更加澄澈清靜，反而陷入更加的執著或恐懼之中。如此究竟是宗教大師控制了信徒的心，或是信徒綁架了大師，滿足了他的虛榮心及優越感？

其實，大師與信徒若不能透過認識生命的本質以及宇宙的真相，而僅在外相上言修行，都是在互相箝制彼此意識的擴張，和靈修原本是要解放心靈的目的相違背。

外在真正的明師、智者、心靈導師，甚至

神明、仙佛、聖賢、高真，都要在不使大眾更加愚昧化的前提下，扮演一個引導者的角色，目的都是為了開發人們內在的覺性。真正的法喜也許會因外來的引導而產生，但力量絕對是發自於內在的覺知，因此增長大智慧須先由破解僵化的思惟模式開始。

內在神聖難思量，沉睡只因心迷茫。
自我矮化搞崇拜，豈知上帝心中藏。
放下主觀視野寬，拋棄固執心更廣。
內心平和好旋津，接軌宇宙高頻率。

　　生命品質在宇宙間有太多等級，雖本質在於創始之初是平等體性，但在宇宙間確實分佈著不同頻率的能量。人類因為心念的僵化而滯留於此一物質稠密、生滅敗壞迅速的生存空間，但只要心念的能量與意識進化，一切外在

的情境與物質將隨之改觀。所以不要將進化的方向搞錯了，先從內在的意識覺醒做起，才是徹底且根本的良方。

第四章　心寬念純路寬廣

　　人貴性德守心地，人善人欺天不欺；
　　實修證道超聖域，恩怨因果無盡期。

　　世事皆由人心交互作用而形成花花世界萬
端因緣之始末。在於有限之生命過程，如何創
造不朽性德之光輝，此乃是生命最大的意義。
但人有情有識，既然身處寰塵，必有種種內心
的波動盪漾。深入內心世界確實需要有一條可
循之指引，才不致於由執著於外在世界事物，
不可得的變化，轉向一個更摸不著頭緒的心靈
世界。

　　當知**心靈世界是外在世界事物呈現的投影
源頭，欲徹底改造生命世界的結構，必然要由
內在投映的心源下手。**

人生苦！此一認知應該沒有人會反對，但在此還能忍受的環境，人雖明知苦卻不知由何處著手改變，反而將畢生之心力用來寄託於未來美好願望的實現之上。為了實現願望而再次陷在此無常、善變的時空因緣循環中，明知未來遙不可知，是如此難以掌握，卻仍然抱持希望，將心思用在構建未來既不可得，又不能永恆的事物上。

眾生如此的普世價值積非成是，根本不符合宇宙真理，但人就是無法超脫這樣的思考模式，因此若不將頭腦的慣性思惟予以改造，眾生的生命所呈現的形態則不會差別太大。

又人心若淪落在自私慾求的不良心態時，有時為了滿足自己的貪慾，可能昧著良心造下萬劫不復的罪過，此即是人心貪婪失德之悲哀。在不知因果循環絲毫不爽的前提下，造作了得不償失的勾當，那是靈性處於最昏昧的愚癡狀態。

天底下自有天地律法，此為宇宙間共同遵守之法則。然而人若不能領悟人身難得、正法難逢之道理，不知珍惜難得之殊緣，那即枉費天恩之德澤。天下的福報在於天地中僅是短暫有時限的因緣呈現而已，若不能悟透、看清生命如苦海，僅為了有限的福報而將自己淪陷其中，甘把本體大我的無窮寶藏放棄，那是最迷癡的表現。

人類生存有其必要的潤生所需，人通常亦有未雨綢繆的本能與作法，此實屬正常。在於合情、合理、合德、合道之範圍內，營生是必須的，但過份、不義的謀取違背了良知，失卻心德，是天律所不容的。**莫以為天不言、地不語。善惡之報如影隨形，故修道人首當崇德合道，否則自陷慧命於難以自由之境，又如何冀望成道回天？**

真修之人不論世事如何變化，應保有一顆善良、公正的好心地，不要受任何事物來左右

心智，因為正心即合道氣，公義必循至理。唯有此生超脫世塵恩怨之枷鎖，未來方有逍遙無盡之廣大功德。真功德因合乎於道，即不似世間有為之福報終有消亡之一日。

莫言無財難以弘道，須明有德、有量、有正氣，十方殊緣必會同來助道。要人才有人才，要道財有道財，要法才有法才，無不俱足。只要行得端正，自有諸天聖佛、神祇、龍天護法相助。格局大了，成就的聖業即無限廣大。

人壽百年參萬天，一日不覺苦續連；
沖天之志立大願，自覺利他德無邊。
看透幻境出慾海，開悟證道離苦淵；
回首再看當下世，笑言由來過眼煙。

大丈夫要有常人沒有的心量與智慧，不要

辱沒了人身最可貴的珍寶，切莫為了區區有限
的事物而喪失成就永恆生命的契機。

第五章　從心遇見自己

情感糾纏愛恨深，貪慾追逐苦一生；

身不由己心受困，回首遇見心主人。

　　生命長河是一段段因緣累積的過程，當中
是成長、提升或是下墜沉淪，都攸關此生命品
質的進化程序。

　　緊密連結的感情，構建人生所有的因緣關
係。這樣的命運安排，老天的用意，是為了讓
所有生命彼此互利、和諧，一同提升生命的高
度。但情感這種氛圍，常使人陷入不是過度癡
迷、即是變態的心理反射行為，因此人生中經
常上演愛恨情仇、恩怨之戲碼，將元始十分純
粹的愛，透過人心的變質，產生了因果循環不
止的生命輪迴現象。

除此之外，人心在於此有形有象、有情有物之生存空間，必要有食、衣、住、行、娛樂等的生活品質。加上心的分別妄念，產生了與人比較的心態，使得內心產生極端匱乏的不足感，因而汲汲營營地為了生存而忙碌，處在週而復始、一成不變的工作潤生節奏之中，使得自己成為追求慾望的奴隸，早已將心靈深處的高品質能量狀態埋沒了。

從心門進入，才能遇見真正的自己。為何要從「心」入門？因為所有外在一切的現象呈現都來自於「心」的作用。不必抱怨自己所遭遇的一切，所有一切境遇都不會憑空發生，不管好壞都是結果的呈現，但更重要也是新開始的機會。

以情感而言，若自己本身感情方面，不論是求不得苦、怨憎會苦，或生離死別之苦，那都是人生的實相，因為不論善緣或逆緣，都有其時間的限量，因此若不能從根本由心去仔細

深觀因緣，心理所產生的苦是必然的。

有者在於人際方面，不論親情、友情、同儕之間，因為相處不和睦所產生的困擾與煩惱，亦只能從心去認識自己，**必須先將自己人格上的缺陷修改後，才可能徹底改善人際方面會一再面臨的問題。**

從心遇見自己，則會發現：**所有生命的課題，都是自己專屬的，亦是爲自己量身訂做的生命課題。那是一種自我內在不斷透過身歷其境的生命遷流，將內在失衡的部分，藉外在人、事、境、物，透過自己不斷轉念、淨化、進化，才能一步步向更高的生命境界邁進。**

把放射在外面的感官功能收斂一下，回到自己內心的平靜世界，從心（重新）出發。不要一輩子隨著慣性的反射動作，去應對所有事物。常保持冷靜，由「心」的平靜中，不假習性的強烈干擾，**以平和、清靜的心作爲處事之**

指導原則。久而久之，隨著習性的淡化，將會
發現內在的本有智慧，比固有的觀念習性高明
太多了。

　　從心認識真正的自己是如此的自由自在，
是如此的智慧無礙，是如此的光明廣大，是如
此的清靜平和……，這是所有人心中無限的寶
藏，不分貧富貴賤，人人皆本自俱足。只是人
的心往往忙於抓取那短暫、無法恆久的外在物
質與心中妄建的執著。也正是這些虛幻不實的
心理現象與物質現象，遮蔽了內心富足珍寶的
展露。

　　遇見自己很容易，只要不把意念驅；
　　活在當下存真心，自在生命樂無比。

　　解決外在衝突之前，莫忘了矛盾的根源不
在外，而在內也。**欲破解意識僵持的循環模**

式,須從「心」下指令來更新意識,使其不固化。當內在能量活化時,即可同宇宙高等磁場接軌,因為只要仍困陷在一種意識糾纏的模式,即自動與高等靈訊斷絕聯繫,因此是否重新(從心)回復自由的生命狀態,仍須由自己來做取捨。

第六章　轉念放下心自在

　　放下堅持心自由，心境豁達便無憂；
　　身心人際皆和諧，自在生命逍遙遊。

　　人之念頭是一切行為事務之發端，而人往往不知心念力量的影響力，只是被動地承受自己每一個起心動念所造成的結果，卻從來沒有靜下心來思考一下：心若靜不下來，如何能透過轉念來改變既定的因果？

　　目前正是整體宇宙意識與觀念抬頭的時刻，每個生命都應該為自己下個週期的生命品質提升盡完全的責任。宇宙整體意識是以一種生命共同體之狀態呈現，因為所有生命意識是相通且緊密的連結在一起，其中相互引動的程度，可能是難以用人類有限的認知與邏輯去理

解的，因此人的思惟若不能及早覺醒，將會在
宇宙運化的巨輪下遭遇極大的適應困難。

人最大的盲點即總是困在一種僵化的思考
模式中，而無法令心的力量由意識的活化而達
到揚昇。尤其人都慣性地受制於人際交往中所
衍生的情緒與氣氛，在七情六慾不斷緊密交互
作用下，人心即被綁得死死的。若沒有外界善
知識與心靈導師引導，則必須自己具有相當的
智慧與覺性，方能走出心境的陰霾。

轉念是突破僵化意識的開始，不再反覆循
環地去在意一些瑣碎的俗事，但一般人心中沒
有寬廣的志向，只能把心思放在一些毫無重大
意義的事項上。若僅是單純地過生活，那倒也
還好。所謂單純的心念，即是不會將自己的心
糾結在生活事務的某個點上。

最怕的是人的心量、心眼過於狹隘，甚至
是自私、執著的習性強烈，又經常堅持己見，

要求別人所行皆能如自己的心願。殊不知：世人本即是性格不同的個體，因此，很難期望別人符合自己所期望的樣子存在，故要想根據自己的心意去改變他人是很困難的，只能由自己從內心去想通，看清楚生命的實相，才不會連自己的角色都沒扮演好，卻還整日忙著要求別人配合自己所想的方式生存，那是雙方都會感到痛苦的事。

若要跟上時代的腳步，迎接新世代的來臨，須從每個人的心理、念頭與思想去改變。要明白，在整體意識揚昇的世代中，是由心念狀態與意識高度來決定所有外在事物的呈現。因此**轉化心念比任何無謂的盲目努力來得更重要。**

新世代是以心念意識主導一切的世代，以心念改造現實，比以苦力創造實相更有效，只有提升心性，回歸本靈的故鄉，才能無虞匱乏

地享有無盡的榮耀與豐碩的資源。

　　既然意識高度可決定生存品質，每個人當務之急應由清理憂慮、抑鬱等負面情緒著手，因為在光明、廣大、豐盛的大宇宙能量場中，負面的氣場是與之相斥的能量頻率。所有的真理都指向同一個目標，即是光明、富足的宇宙本源，但只要有一絲不純淨的負面氣息，即如同阻隔進入光明的烏雲。

　　放大心量境光明，超脫是非心自平；
　　提高眼界在轉念，揚昇頻率境界新。

　　人的思想有無限的可能，但總是被用來創造令自己不堪的處境。雖然心念的力量人人時刻都在運用，但很少有人能自主地創造美好的事物呈現，反而因為心中的匱乏感產生貪慾，陷自己於不足的狀態。或因心量、格局有限而

生生世世與人結怨，甚至由於不明生命本質的真相，而迷惑於情感的不斷糾纏之中。

　　一日不能看透、放下，一日便仍受世上的人、物、境、相所牽絆。縱使天底下還有更美好的國度與風光，也是與那些迷失於此娑婆世界的人無緣。錯失機緣，不能在更高、更寬廣的世界自在逍遙，豈不可惜？～

第七章　知見陷阱

知見陷阱煩惱根，認知障礙來做人；

停止夢中寫劇本，醒來原來入戲深。

　　人對於世界事務的認知功能，原本應可開啟一個非常美妙的經歷旅程，但人心創造能力是無限的強大，可以形成一切事務（物），從真空中產生妙有，並且在造就的過程中又形成環環相扣的因緣鏈。

　　創造的本質本來就是一種促成因緣的動力，只是人的心往往會因此而衍生出極為複雜的心態，使得自己本來清靜的本體所綻放的靈光，由於心中散發的混濁、稠密氣場而變得不再輕盈了。

　　每個人的認知本身即是一種障礙，因為這

種心識狀態可以讓人看不到事情的眞相。認知的層面若停留在人的思惟範疇，必然會讓心識的主人繼續以人的形式存在。若能將認知再往更上一層的意識提升，即可突破人心私領域的侷限，以一種比人道世界的物質障礙來得較輕盈的生命形式展現。

人處在物質現象頗為具體且稠密的器物世界，因此人的意識極容易受到外在的物質影響，更何況心靈與精神困陷在物質性的載體中，以致心理的自由度必然會被生理所限制。

知見使得人類難以脫離痛苦煩惱的陷阱，因為人的肉眼所能看到的世界是極為有限的。由於視野的侷限，使得心眼亦跟著狹隘起來。又人都存在著一個「自我」的幻覺，因此而產生了相對應的外界與其他人。

靈性困在質地粗糙的肉體內，這種限制會使得心眼智慧受到嚴重的蒙蔽，連自己的真實

處境都無法辨識，若再碰上他人的誤導，甚至欺騙，是很容易上當的。所以不論是自己的智慧不足、心眼未敞開、或受到外來的影響，追根究底皆是因為自己的認知所造成的障礙。

認知之所以會成為一種障礙，是因為認識之作用是由眼、耳、鼻、舌、身五根，加上不正確的意念判別所產生的意識觀念，心自然會充滿雜質，而非清靜的本質。

知見為何又叫做陷阱？因為它僅是每個人個別的心理認知狀態。每個人在對應相同的人、事、境、物時，心裡會出現不同的解讀。既然不可能一致，那試問對與錯要根據什麼標準來認定？加上人皆有普遍性的通病，即是當事情發生在自己身上時，理智往往都是短路的狀態。究其原因只有一個，即是：自我的執念太深重，這是最不容易去除的障礙，也是人類痛苦與煩惱的泉源。

人類的生存方式隨著科技不斷翻新而呈現越來越密集的連結。物質的便利雖帶來生活上的享受，但根本還是離不開心理現象，因為心靈的空虛不是物質可以填補、滿足的。精神上的焦慮以及許多其他的心理問題，都不是能以金錢或物質解決的。**所以只要一個人的心還沒有從「所知障」與「知見陷阱」中清醒過來，他的痛苦與煩惱是無法斷根的。**

貪戀世間塵緣的人往往具有貪慾上的痛苦以及難以滿足的心理匱乏。有的人可能因世事不能盡如人意而轉向心理探索的生命旅程。若有幸能逢善知識給予正確的啟發與指引，亦要不斷藉緣清理原本不屬於自己內心的雜思妄想，循著正確的路徑前行。

另一種人雖知道人生苦短、生命有限，卻仍擺脫不了在紅塵打滾的習性，一方面繼續以俗人的思考模式在過日子，另一方面卻自命清

高，以為自己是在修行，結果將會誤了自己此生。

若想提昇生命的品質與層次，通往意識覺醒的道路，唯一的方法即是跳脫知見的陷阱，清除認知所構成的障礙。生命寶貴且有限！應該珍惜，不該僅是跑跑道場修個心安，或以聽聽道理來自我安慰。

已經開始修行的人不妨靜夜沉思一下：自己的心態轉變了多少？情緒是否已經調伏？我見通澈了沒有？處世應對之態度、氣質、涵養等各方面是否都有改進？

須知外在所有的事全都是自己內在的映射，外在若有所謂的問題，那是在顯現自己內心的匱乏與缺陷。一般人心不能清靜止念，是造成生死輪迴重複不斷的主要原因。

每個人必須對自己負責，找回自己真正的主人翁，降服內在起伏動盪的心海波濤。心平智開即沒有所謂的外在衝突。

原始清明很簡單，難起真信苦糾纏；
心識狀態在分判，意識設限造業端。
明明放下即輕安，苦苦執著多操煩；
自在心境在當下，天堂地獄一念轉。

　　人常將俗事看得很重要，而忽略自己的生死大事。即使走上修行之路，卻又缺乏信心，或無正確的信念作支撐，不知自己為何要修行。因信心不具足，境界一來即被境轉。

　　消除認知障礙的第一步，先把自我跟他人的區隔淡化，方能由衷地感受到人類靈性生命的一體性。唯有達到「一體」方可使內心與外境和合融洽，否則分離的假象會永遠存在。既然有分離感，想達到內外合一是根本不可能的。

破解意識程式

第八章　無常悟真諦

無常變易含真諦，循環規律藏天機；

順乎倫常守道德，靈性進化昇品級。

　　世間所有的現象皆依循一定的規律與軌
則，由因緣所促成的結果呈現了當下眼前所能
見至的形象。這即是世界萬象生成的過程，本
來十分正常，亦很順暢，皆是因為人的心識具
有天性賦予的強大功能，可以創造實相，生成
多采的器物世界。

　　人類之靈識原本具有無限廣泛且強勁的幻
化力量，但因落入這個由五行元素構成、質地
粗重的物質世界而受到了極大的障礙與限制。
然而人們不明白此狀況形成的來龍去脈與前因
後果，因此只能從表面上的現象去探尋，渾然

不知現象之形成已經是末端所顯現的結果了。若能在初因出現時即掌握心理功能的運作，就不至於只在於枝末上下功夫，不但成效不彰，而且可能永遠都無法根本解決問題。

無常是世人所不願接受與面對、卻又不可能避免的一種宇宙規律。只有洞澈無常所隱含的真諦，才能成為宇宙間自由自在的生命體。

無常並非僅發生在不好的事務方面，況且好與不好都是各人的主觀認定。**無常的本質即是空性，並能以可觀察的現象呈現。宇宙的法則正因有無常的循環模式，而能夠不斷創發更新。**人生若沒有無常的契機，根本不可能產生任何變化，又如何能有精益求精的進化可能？

人普遍存在著安於現況的心理意識，因而不願接受無常的變化。又因為**人的眼界所能觀察到的現象極為有限，再加上意識的僵化與固執所形成的蔽障，以致喪失對過去世的記憶，**

也沒有預知未來的能力，對於不確定性的事務，內心會感到不安，又害怕失去已擁有的。尤其面對生命的死亡逝去，更是人類最深層的恐懼，因此對於無常如此常態性的規律，很難拋除心中的不安定感。

若要破解意識程式，必要先了知無常的真諦，坦然正視心中錯誤的認知，更應了解：恐懼、害怕面對無常是人類最大的心理病灶，若要化解恐懼，絕不能僅是盲目地依賴外來的力量去克服。因為所有外在的因素都可能受到因緣變化而產生不同的結果，所以將自己的信念建立在外界的因緣上，是極為不可靠的。

無常的本質是宇宙間的變易、生化不可或缺的因素，唯有通透此理之後，才能正視無常，接受無常，甚至利用無常來臨的時機，創造另一番更為進化的實現。

無常也可說是宇宙演化過程給予眾生的公

平機會，令所有生命皆充滿無限可能而重生，因此人若想要搭上無常進化的順風車，往下一站更美好風景的旅程，即要懂得適時放下精神包袱，讓自己得到心靈的坦然。

　　人生的八苦件件都卡在沒有真正認識無常的本質，此一問題突顯出人們都須要及早覺醒，真正了解無常的真諦，放下自己的慣性思維以及一般人的共同知見。只有如此方能碰觸到有關實相的真義。

　　人所看見的現象，往往都與宇宙的根本實相有極大的落差，所以二元性的物質世界以「眼見為實」的作法，實際上所根據的是相當膚淺的認知。欲認清宇宙實相，往往須適度關閉人類粗淺的感官認知作用，進而敞開心門、明澈心地，才能逐漸看到實相的本質。

　　無常運化轉契機，脫離凡心辨真諦；
　　淡定遵行循軌則，收斂妄意止陋習。

清心寡慾明理路，生理調暢氣不淤；

內外合一現光明，自在輕盈返星際。

　　人僅是生命現象所呈現的一種狀態，在地球的生存空間，必然受到整體人類集體意識的「場」所牽引。若想往更自由的場域提昇，則需要不斷擴張心量，否則永難脫離狹隘的意識層面，除非受到極大的衝擊，否則不容易覺醒而生出願力，超脫人道世界的生存領域。

　　雖然紅塵人世也是一種生存形式，但由於無常帶給人的多半是無盡的恐懼，使得煩惱與痛苦不斷。有智慧的人應懂得運用無常的特性，反過來將其當作成長、進化的契機。

66

第九章　良心盈善氣

良心良能存善氣，心量慈悲好心地；
生存環境大氣場，善行天相盈瑞氣。

　　人是一個小宇宙之縮影，人人心中蘊藏著
相當龐大的宇宙力量，而心即是驅動那股能量
的動力。所以只要是明白此一道理的人，就會
十分小心謹慎地善護念自己的思想、念頭。除
了小心看待心念的力量之外，還要懂得善加運
用，把心的強大功能來展現在此實境現況的生
存空間。

　　由於外在一切事物的呈現皆與眾人的心理
狀態有直接的關聯性，因此在於當代資訊通達
無礙的時期，人類集體意識反而混亂，人心不
安，人們更需花大部分的心思去探索生命的真

諦，進而把生命的主導權掌握，並且將全人類的意識互相來提振至更高層次的等級。

　　人往往心胸、眼界侷限在自己有限的認知範疇，因為心靈深處的隱憂沒有得到排解。不能排解的原因，在於不明生命真諦與宇宙規律的關聯性。所以心裡想的、言語表達的、行為呈現的，都偏向於私領域、小我、自私的範圍，很難超越小我去看待一切，因此心靈的高度永遠都停留在低頻的能量時空當中，這正是心態決定狀態的如實呈現。

　　公益是一種集眾善念去促進整體福祉的善舉，因人是沒有辦法離群索居，其生存模式早已設定在一種極度依賴、互助的條件下，甚至人的內心更渴望得到社會認同，以彰顯個別的自我價值。這在於天地之理則中，也十分符合大道至理，因為眾生本來都是密不可分的整體。若能去除個體分別的衝突性，而充分發揮個別的差異性，那將使得世界更加精采與美

好。

　　問題出在人的心理有一種自我意識強烈的固執想法，所以只要外在的一切不能按照自己的預期，即馬上生出種種複雜的情緒，加上人與人的關係，或個別的性格特質，有者氣勢強大，有者氣勢微弱，但氣勢強之人不一定心中所想的都是正確合宜的，氣勢弱者也不代表心中對不同的意見能完全信服同意。因此人我之間，經年累月所累積的種種氣場與關係，就形成了人際網絡複雜的磁場糾纏。

　　良知良能是每個人與生俱來的天性，也是人類道德底線最後的防護，因良心、道德是每個人心中正義的準繩與尺度，應該成為時時反省、覺察自己的行為、言語、思想的圭臬，亦可運用於處事中來保護自己未來免於因無知造罪而承受苦果。

　　每個人身中都散發一股肉眼看不見的氣場，但這股氣場卻是主宰此人窮通、興衰的依

憑，也是生命層次的分界。心中時時存善念
者，有一股祥瑞之善氣縈繞其身。切莫小看這
股氣場，因為當人身尚在世之時，此氣場是最
佳的保命護身符，也是天賜福祿的根據。在亡
故之後，此股氣場更是決定未來投生、往生與
晉升、超越、成就的依憑。

　　人身可貴善修心，心存慈悲道氣凝；
　　三業清淨好氣場，歿後境界現光明。

　　　人能利用寶貴生命行使對公眾利益的善
行，不但能發揮一體博愛的真諦，更是將心燈
點燃，不斷綻放光明的展現。
　　　心中多一分光明即少一分幽暗，多一些慈
悲即少一些暴戾。人類要懂得集群體意識的強
大力量，為自己、為全體人類生存的空間，增
加更光明美善的氣場。

內在創造外在；外在牽引內在。要懂得如何運用心識的力量，達到內外合一、天人合一的境界，才能在世間即懂得運用真智妙慧，創造真心善良風氣的世界。～

第十章　意識障心智

意識型態障心智，觀念固執陷迷思；
自我建構困凡塵，破解僵化改程式。

　　意識的複雜系統成為一切生命顯化的根據，生命本身即挾帶著元始能量的信息。元始能量正是所有豐富生命的根本因質，心識即是一種相當精密微妙的能量轉化功能。**心是一切萬有生成發展的動能，而心的本質又是能量驅動的源頭，因此不論生命在任何階層，都仍仰賴著心之所向，來進行下一步的淨化進程。**

　　雖然在於終極實相來言，一切現象都是一種幻化虛無的本質，但既已入於幻相之中，亦仍是得依幻出幻，否則心在茫茫無主的狀態

下，只會陷在更深層不確定性之恐懼、匱乏、不安的幻覺中。既然謂之幻覺，即根本沒有實質不滅之永久性。紅塵世界的生滅之相，正在不斷透露著唯一的真理，即是性空緣聚的物質與心理實相。

意識的形成都是建立在自我觀念的基礎上，形成了每個人不同的獨立意識型態。個體又因彼此的差異性而難以相融，在人我分別的意識層面，永遠卡在人類的認知範圍。多數生命的等級連天神的格局都不及，更別提可以超越生死輪迴的循環模式。

人要生起出離心，捨下對財與名利的慾望，是有一定的難度，但世上能樂善好施者並不少見，能三施（財施、法施、無畏失）並行者也不算少數，但可以徹底放下對自我的執著，就沒有幾人可以做到。

世人要提升到天神等級，其實並非難事。只要力行三綱、五常、四維、八德，或者捨身

成仁者，即有可能臻至。史上亦有甚多的偉人、烈士、民族英雄，都是能將性德中的某一特質發揮極致，但成道、成佛、成仙者卻寥寥無幾。何以如此？因為**偉人、烈士、民族英雄都還停留在自我的情操展現，仍存在敵我、親疏的分別、執著、妄想，而成道者卻是完全沒有自我的絲毫幻想。只有從自我的天大幻覺中真正覺醒過來，認清無我的實相，才能無所牽絆地回到元始本來的清靜面目。**但以人類的集體意識、受限的邏輯、僵化的思想觀念認知，是不容易體會的。

意識是經由六根觸及塵緣而產生，即是一種極為粗淺的感官認知作用下所建構的心理狀態。眾生不同的各別特質會產生不同的心理狀態。若要在意識的龐雜系統中理出個頭緒，是相當耗費精神能量的，甚至會使人更加陷入心識的知見陷阱當中。所以**欲回歸清靜，首先須在六根觸六塵之時，先關閉自我意識的固化循**

環模式。如此則不致於因為自我意識的強烈分判而導致妄念相續。這即是停止自我習氣與慣性的發作，也是常保清靜心的方法。

心要常保清靜，不要費力的去分判對錯、是非、善惡，因為起心分判、認定，都會加重意識系統的負擔，更何況清靜心原本即有照見一切的功能。在停止意識系統運作的同時，心光、心智即悄然顯現，這是極其自然的系統運作，不假任何造作，是屬於無為、自然的元始天性。

人類生生世世都在犯著嚴重致命的錯誤，即是依止在感官的覺受上，讓自己原本自由的生命狀態越來越沉淪，越沉淪越愚昧，越愚昧越向外追求，越向外追求離真相越遠。結果導致身軀沉重、心靈匱乏空虛，更加障蔽智慧。

最諷刺的是人的本能皆知趨吉避凶，但卻因為人類自作聰明，以為僅憑世智辯聰即可解決生命的痛苦根源。殊不知反而是停下最活躍

的感官知見，才能稍稍體會到片刻的輕安，但一般世人心識動盪已成習慣，清靜的外境都無法撫平內心的情緒起伏，甚至被視為無聊、無趣。結果總是因心識隨著習性的牽引，不斷向外攀附塵緣，造就六趣之苦。若有朝一日得以覺醒，回顧生命之過程，必慨然不已。

　　意識心境造苦因，勇猛精進出迷情；
　　不落塵勞息妄想，甦醒原來性本明。

　　成道最高指導原則，要定在根本究竟的終極實相。實相無相，無相必離心相方能顯真功、真用之大能。

第十一章　活在當下

念念當下心輕安，時時秉正境域寬；
勤勤精進知修行，心心相映清靜觀。

　　思想是人類生命的依存元素，但反覆糾結
的意識觀念卻成為綑綁人心、使其不能自由的
原因。之所以如此，正因為人的心無法時時處
於當下一念的清靜狀態。何以如此？都是由於
心理意識的反覆疊加，將念頭相續不斷放大擴
張，使其更為複雜化。在複雜的心識狀態下，
則習慣性地依照累世的記憶，作出類似的反
應。就是這樣的循環模式，令人陷在痛苦、煩
惱、難遂心意的輪迴情境當中。

活在當下的用意，是要將心念歸零，時時清空心中的雜思妄念。然而人最難以掌握的是：在心靈的創造本能與反覆糾纏的意識作用兩者之間取得平衡。心識雖然是造成生命輪迴的主因，但另一方面卻也是心靈不斷成長的主要動能。**如何在心識作用的系統下，懂得善用心智的力量，即是每個生命處在現象世界的真實目的。**

　　當下一念即是通往更高、更寬廣維次的秘密通道，但一般人甚少能掌握當下一念的轉機，總是跟隨著心識的驅使反覆造作一切，而錯過通往高維次的絕妙時機。須知**只有在身心的活動暫且停歇之時，方能體驗到片刻的輕安。所有想達到身心自在者，都必須把握此一竅門，才有登堂入室之可能。**

　　一般人的念頭都是妄想紛飛，意識堅固且

執著僵化，與人相處共事時，總慣性地以自己的想法為準，而忽略了一個事實：人世間本來就是一個相當複雜的因緣鏈所組成。在此龐雜的因緣系統中，每個生命體由心識、心智所散發的訊息場、能量波以及振動頻率都會相互地糾結、纏繞，形成變化萬端的物質與精神狀態。因此人若按個別心識判斷所作出的認定與期待，往往存在諸多變數與出入，因此經常事與願違，以致心中又產生更加糾結的意識能量場。這就是人類深陷物質世界的真相。

　　若想從意識頻率低劣的生存環境超脫出來，不可打從心裡去抗衡外界衝突性的現象，可以做的只有看清事物的本質，徹底接受無常而瞬息萬變的因緣過程，能真正將自己的心臣服下來，保持正定、釋然。在隨順因緣的同時，只要沒有過往的慣性習氣攪局，即有機會生起內在神聖的力量與無限的智慧。

當下的力量，是元始的本能。世人往往自作聰明，反而擋住了人類眾與生俱來的元始智慧力量。**在還沒有把心智的主導權交回來給自己之前，不論如何大費周章地汲取知識、累積知見，都僅是在滾滾紅塵中心念意識的無謂掙扎。**

　　許多人窮極畢生的心力，費盡一切心思，想達到生命的巔峰，但卻因為不明生命的實相，以致僅在做一些猶如緣木求魚的心識活動，不但無法達到清心的目的，反而使自己離明心的目標更遠。

　　活在當下難不難，取決性定安不安；
　　無所住心應塵事，識轉智開破謎團。

　　人心的作用甚大，一般人總是將心用來追逐塵緣，把生活的目標設定在無常變化的事相

上，自然很難得到真正的快樂。有些人雖想要改造生命，卻錯用方法，仍然把心放在外界的境緣之上，因此也得不到真正的自在。

　　每個人，不論凡聖，都須好好地主宰自己的心念意識，不要反覆疊加，建構幻象，才能減輕煩惱，令自己從幻覺中醒來。如何主宰？放下即是。當下的秘密通道：由定、靜、安、慮、得中，即可開啟進入上升的軌道。～

第十二章　什麼綁架了你？

人之妄想成煩惱，追逐塵緣心顛倒；
心念千絲萬縷纏，終日迷惑皆自找。

　　人最大的迷惑在於不明白有求皆苦之道
理，而希求的層面涉及極為廣泛，不止生理
食、衣、覺、受的基本需求之外，對於生存所
處的環境，以及透過眼界乃至意識界所能觸及
的感觀與內心世界，更是盡畢生的力氣想去探
索追尋。而且人之存在，自古以來皆要依賴群
體而生存。因此人與人之間的社會認同，更是
在人類心理層面中佔最重要的份量。

　　目前人類的知識普及甚廣，以往因為民智
未開所形成的陋習，亦漸漸經由人類集體意識
的抬頭、普及而打破了神秘幻象的面紗，因此

在於此世代，以個人英雄主義欲控制人心已不符合當代的局勢。人類當代的趨勢已進入群體互助互利的平等觀世界。

雖然目前人類賴以生存的資源仍掌握在少數有權有勢之人的手裡，但以宇宙天地的循環公律，會以天地間的定律，很自然、巧妙地介入，並做一番大規模的整頓。這也是人不可能完全勝天的鐵證。

天地間分佈著各種能量等級的生命，其分佈的根據卻完全顛覆人類的認知，並不是如一般人所想的需要靠無盡的貪求方能達到更完善的生命形式與價值。恰恰正是因為**人類匱乏不足的希求心理，將心量念力轉化的訣竅與功能關閉。人類以自我為中心的想法，正是阻隔生命靈等上升的主要原因。**

人之一期生命極為短促，即使靠數十寒暑辛苦營求所創造的物質享受，以及地位認同或經由飽學所得的知識觀念，常無法讓人真正得

到安定、快樂的永恆自在，但明知如此，卻沒有更高明的辦法。縱使有少數人曾經從這樣無止盡的幻境中解脫出來，並留下了心得、經驗與理論，盼望以過來人的身分引領群眾出離此一迷象幻境，但能夠放下對世境牽掛的人畢竟不多，何況大多數的人都無法拋開我見去靜心領悟。這即是人為何一直在相似的輪迴模式中循環的原因。

眾生的心理狀態實在太千變萬化了，但總而言之，總脫離不了一種迷於事相、執著心境去思考問題的通性。這其實是煩惱叢生的眾生普遍存在的問題，但最可嘆的是：就連已經知道要改造生命的人都犯了同樣的毛病，而且會比一般人更加難以轉變。若又是身為引領群眾的主事者，恐怕心中的無形枷鎖，更容易牢牢地控制了自己那顆不再清明的真心。

常說邪師傳法誤導眾生，其實誤導最深的反而是被眾生追捧的所謂大師。何以如此言

之？眾生佛性平等，雖因緣際會現象上會呈現不同的狀態，但**身為心靈導師者自己本身必要心中靈靈覺覺，並能確保自己心無雜思，沒有各種染垢的識心作用**。若無雜染垢識的心理，即不會迷於名聞利養，亦不會自我優越地求表現去搏取外界認同，更不會誇大其詞地標榜自己的修證境界，因為一切證量唯在自知。入於塵世，走進人群，只是單純一念慈悲、同體的清淨心而已。

時下可見不少修行人修行並未契入真性，與人交流時仍存在爭論高下的凡夫心理，表現出一種好勝、好鬥、恐不如人的態度。自我優越感的氣息仍盪漾不定，如何能令人由衷心悅臣服？因與人爭高下、長短，本即是十分粗劣不堪的氣質表現，一般常人都可觀察到這樣的氣氛並不屬於高層次的能量品質。

俗心凡念作凡夫，離相捨識性調伏；

氣質人品呈於相，智慧慈悲德富足。

　　人類因為爭奪而反覆循環在此無常困苦的變化世界。**聖人是已經能明白，並掌握到淡化私慾、遠離執念的訣竅，發現通往自在、喜樂的門徑。**世人妄意不斷；聖人則能時時合於真意。合於真意即早已超越意識認知與感觀覺受的執著，並可在事境呈現之時，不隨塵境起妄心。

86

第十三章　痛苦從何而來？

　　痛苦皆自執著來，煩惱盡因想不開；
　　明悉真相非實有，轉念放下得自在。

　　人之痛苦皆由自心的執念而生，而執念的
本質則因不明白：一切的事務過程皆是人類思
想意識活動的反覆作用。甚少有人知道：自己
的心理與觀念、認知以及身邊的各種人際關
係，有著密不可分的的連結與相互牽引的力
量。

　　探索內心世界是開啟生命不同維度的契
機，其結果可以是向上提昇，亦有可能是向下
沉淪，取決的因素即是自己的決斷能力。每個
生命體皆會散發出自己的能量場，而能量場的
質與量則在於這個生命本身心智的場域高低、

強弱。

　　當然由心識所散發的能量磁場品質是相當多元，這與此人的中心信念有絕對的關係。**想要進化、提昇的人，必要懂得親近能幫助自己生命能量提升的場域，從中擷取能量**，因為每個人所親近的對象與場所，都會直接影響到他的後續心理發展。此一原理必要及早明白，才能為自己無盡生命選擇更光明的坦途。

　　痛苦本身並沒有堅不可摧的本質，唯有徹底分析、勇於正視心中痛苦的由來，並把心的執著點鬆開，才可能發現：原來痛苦的根源是因為自己沒有認清事實真相，以致將所執著的人、事、境、物不斷強化而造成的結果。

　　煩惱的形成亦是同樣的道理。**人類最大的通病即是在自己心理建構的意識系統下，循著自己的習性，不管自己的思想觀念是不是符合真理，都以自己的喜好、厭惡去設想一切**。即使沒有一般人認為的重大心理問題，但每個人

心中對人、事、境、物的盼望、希求、期待往往都會事與願違。何以會如此？因為凡人心裡想的都是與世事無常的規律相反，又沒有以超然的立場看待一切，總希望所有人、所有事都按照自己心裡的預期發展。這可能嗎？

　　就以人與人的相處為例，每個人心中的想法、觀念以及在意的面向，皆不盡相同，對事境的覺受更是迥異。如此要如何要求所有的一切，皆如自己所願去發展？

　　新興世代科技文明普及發展，人類縮短了時空的距離，這正是整體揚昇、進化的難得契機。但人的意識總是慣性地以僵化的思考模式運行。殊不知所有制約性的理念都是因人心的迷惑而生。人之所以不肯拋下控制性的心識運作，皆因為不明白宇宙萬有的創造機制，深恐若拋棄固執的觀念，內心即會感到落空，缺少安全感。這種千生累世的無名恐慌，即是因為人從來沒有放手，未能讓真心作主。

人類大多數的集體意識與觀念，因為身處於共同的生存環境，有著共同性的知見障礙，而身為一位先知、覺者，所表述的真諦實相往往十分顛覆眾人的認知，但目前世代的趨勢已漸漸趨向於真理的本質。人們將會漸漸明白如何掌理自己的心理功能，取得更加自在的心智能力。

　　心理層次分級大，少了執念去浮誇；
　生命本質本豐盛，放心自由性（境）昇華。
　　換個主人性自主，從此生命高品質；
　　回頭再看凡塵事，驚覺原來自迷癡。

　　把生命的層次定位在更高的角度與更廣的維度。若能真正落實實踐，則會發現過去執著、放不下的世事變得如此不真實，不足以妨礙到自己那顆自在的心。

人最嚴重的毛病就是不明白世間萬象的平衡功能作用，不懂得善解：人心的不同面向即是有形世界的正常現象。懂得此道理者可以看透、理解、包容、安適自如地達到身心和諧、協調與平衡，不論身在何境，都能處之泰然。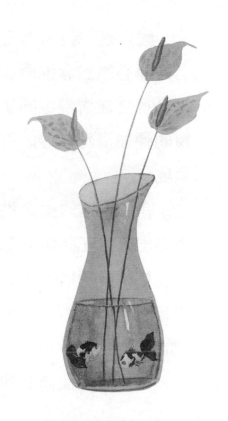

第十四章　觀念迷思

　　世事百態心萬般，意識糾纏牛角鑽；

　　觀念僵持不活化，生命頻道何以寬。

　　觀念是支持所有心識活動的立基點，因此有何種心態觀念則產生何種的心理思想活動，即是意念建構現象的了別功能，由意識不斷反覆的疊加構想，形成每個生命與眾不同的形式呈現。

　　在於長遠的生命洪流之中，人的心靈不斷散發出來自元始源頭的信息，可惜人心忙於追逐境相物質的擁有，盲於由自心所建構的成見來觀察一切世事，因此而使得自己通往生命源頭的管道被閉塞。

　　在這樣惡性循環的生命形態中，活得極為

不安穩，雖然元始的本能力量從來沒有脫離每個生命，但生存在此生滅幻化的幻象世界，人們總是將心的焦點落在外在的生滅物境之上，反而忽略了內在元始所賦予的無限創造力。雖然內在承襲的無量創造力未被世人重視並妥善運用，但那股與生俱來的靈力無所不在，並須與不離地產生作用。正因為如此，人在不明心的作用及影響力時，經常因為不當地運用心的作用，而形成一種意識糾纏的負面狀態。

　　觀念皆來自於各別的意識系統所形成的習慣運作。這些固化的觀念牢牢地將生命的模式限制住，但觀念本身正是具有十分有力的意識程式支撐。這些既定的意識觀念使得心不能自在、自由，以致觀念難以轉變，不易更新。這些執念經常是因為思想受到社會普世價值的感染影響而產生的重大迷思。

　　人通常內心甚難完全擺脫深層意識的恐懼與不安定感。恐懼、恐慌的根本源頭從何而

來？即是因為人的心不能處在完整、富足的心理狀態，不論物質或是精神，皆要依賴外界的因素才能短暫獲得片刻的滿足。殊不知內在才是一切由無到有的創發來源，越是趨趨營求而渴望得到的一切，都存在不確定因素的恐懼、落空心理。物質如此，精神亦復如此。

綜觀古往今來的人類靈性等級，極少能夠破解自己的意識程式，往更高的生命層次跨越，總是在於區區幾十載的歲月中，把所有心識的活動建立在毫無保障的生滅幻象世界，使得自己在生命旅途中活得苦不堪言。這並不是受到怎樣的宿命懲罰，原因很簡單，只是因為不懂得如何「用心」。

在物質條件寬裕的生存環境，基本生存所需能得到滿足，人們開始轉向精神層面而重視社會化的認同感，而這又是另一種彌天的陷阱。何以說想得到社會化的認同是為陷阱？因為人只要為了任何目的而活，都活不出生命原

有的樣子。生命原有的樣子沒有患得患失的外來認同，更能在所存在的世界自信地展現生命所能發揮的功能。

每個生命都來自於源頭最珍貴的祝福與本質，唯有在毫不造作勉強、不受固化觀念的框架式制約時，才能自然地綻放生命的光采。

觀念制約不自在，意識刻板難舒開；
生命之花來灌溉，所有存在值得愛。

所有生命都有資格受到宇宙無條件的愛與呵護。人只要懂得時時敞開心懷，並學習像源頭一樣，接納萬象的殊異與獨特，如此這個物質世界會因為無條件的愛而消弭人與人內在的矛盾與外在的衝突。整體世界的氣場能量充滿光輝，則能順利進入嶄新的實相呈現。

第十五章　意識侷限

取相意念起分別，固定模式我執為；

千古萬載墜迷網，只因意識侷限堆。

　　意識系統是一個極為嚴密的運轉程式，也是宇宙中微妙的生存流轉的能量場。意識的構成需要諸多的因緣元素結合，在於人類的頭腦系統中，更是極其精密的結構。這雖然很難以人的認知理解去解析其中的奧祕，但人類每個人都片刻不離地在運作此系統。然而在其他高層生命維度空間，則須完全顛覆人類頭腦的意識概念，才可以通往不同生命存在的靈性世界。這也是宇宙不斷轉化演進的過程。

　　在於此無常多變的世道，人類原本應可接收到高層世界不斷傳達的訊息，只可惜人的凡

心意識阻擋了與高等靈性互通聯結的契機，因為人的心全然被緊緊綁在世俗所能見、能觸及的物質世界，將心裡的空間大大的縮小了範圍。有者甚至為了一點利益，或是一些瑣事，就把自己的生命品質搞得十分低微卑劣。如此蹧蹋自己的心靈，令自己處在痛苦不堪、得失心強烈動盪的狀態，完全不明白生命所賦有的靈性是何等的尊貴、何等的神聖、何等的萬能！

意識的形態之所以會堅固難摧，其原因在於人往往不能掌握自己的心思動念。由於不懂安住在初始的單純心態下，心的功能開始變質，因慾望而產生不良的作用力，甚至是破壞力、殺傷力，使得自己更加難以收拾因為自己無知而生起的種種妄心所造成的後果。

意識本身即是一種心理狀態，既已成為狀態，則具有難以擺脫、突破的侷限性。**若要解決意識的束縛，突破侷限性的框架，首先必須**

認清生命的眞相。生命的眞相爲何？眞相即是一切相都是短暫聚合的因緣過程，而最重要的是在破解這些現象之前，必須把心放在一個不受任何因素干擾、干涉的狀態。心如何能不被外在干涉？**必須徹底明悉宇宙萬象與自心的緊密關係。**萬象都建立在內心的認知世界，因此忙於處理外在的一切，不如先從改造內心的系統運作模式開始。

改變並非暗示又在心裡建立一個強烈企求、具有目的性的思惟，反而是運用更寬廣的心態，順應瞬息萬變的各種因緣，以更超然的作法，使得萬事萬物能更加和諧、融洽地達到內心與外界同步向上提升。

意識的最大侷限即是自我認定的思考模式，此通常都不客觀，也較不符合於實相。而**突破意識侷限的最有效方法，即是放下因我執而累積形成的固執觀念。**

固執想法觀念偏，放大視野開眼界；
生活憂苦因識障，智覺生命更滿圓。

　　人與人之間存在著不同的心理現象，因此才產生人世間的憂悲苦惱不停。若想改造這樣的生命模式，就必須從心底徹底破解意識的習慣性運行模式。～

第十六章　感恩常富足

感懷天恩德永駐，知恩報本返性初；

永存真誠淨心地，身心靈性咸富足。

　　人類的生命層次能否提升，在於能不能顯現心地光明，而心性的拓展必須能感應並合乎天地無私與無微不至的恩澤。

　　人之心靈達到一定的生命層次與高度時，將會由複雜多變的心識作用提升、轉化到靈性純粹的根本因質，去親自體驗靈性探索的多彩旅程，並需要藉由現象世界種種的因緣過程，來認識心性的微妙功能。如何於精神意識層面與物質現象中，取得開啟生命進化的心鑰，則是由小聰明轉向大智慧的轉捩點。

　　小聰明指的是站在人類的意識思維系統，

以私心、貪慾、妄想來運作心識功能，在小框架的系統作用下，不斷為了獲取蠅頭小利而疲於奔命，以致將生命中更尊貴的本質忘失，甚至丟棄。這就是「得少為足、得不償失」的短視作法。

感恩雖是世人普遍皆知的做人道理，但甚少有人能夠透悉其中的心理奧祕。**感恩心所蘊含的心念力道，足以衝破宇宙間所有負能量的屏障。感恩心所散發的能量與氣息，可以串聯天地間的無形氣場，將其能量轉化成各項有形物質的呈現，這正是幫助靈性成長不可或缺的元素。**

人心總是陷在兩個極端的不平衡狀態，不是執著有形物質，就是落在頑空、不喜造作的偏見之中。殊不知真正**要把生命層次往更高靈性境界發展，必須掌握從無到有的訣竅。**這並非如同一般世人以為的貪婪慾求妄取，而是明白宇宙天地的各種法則，並適時適機地予以巧

妙運用。能真正窺見宇宙法則之人，即有能力啟動生命中的各項富足。

　　眾生本來天賦俱足。如何深刻體認自性富足，而藉世間假合之因緣來展開心靈俱足之旅？若能回歸到探索生命之源的根本，即是邁向智慧富足的歷程。一旦智慧富足，即能解決生命中的煩惱問題，並以真知灼見洞悉萬事萬物的生滅因緣原理。

　　既明因緣形成的原理，則可輕鬆取得通貨潤生的富裕條件，但前提是**要能徹底轉化、超越、扭轉宿命的控制，而最強勁的力量即是由心性所展現的德行富足，因德性乃是來自高等能量的元素，與大道運行的規律並存於宇宙世間的所有空間與時間，不受時空因緣的窒礙。**

　　世人常自作聰明，以固執僵化的思想模式侷限了自己的意識狀態，使得自己的心智靈等大幅降低。**任何固化的思想形態都是悖離了宇宙流暢通貫的法則，都無法符合宇宙的無限寬**

廣與自由。

人間淨土當下呈，人類意識漸揚昇；
活化觀念思靈巧，心地德廣福慧生。

保持一顆空靈澄淨的赤子之心，是回歸清
靜、原始、卻神聖無比的生命本源。

人與人最大的麻煩是各自心中設想出不同
的意識心態，因此時時互相受到牽纏，並且在
意識幻想的情境世界，不斷危害身、心、靈性
的健康與自由度，不知何時才能徹底由自我建
構的生命框架中解放出來。

人生多苦常興嘆，不知改造求偏安；
苦中作樂無奈何，只因真相看不穿。

第十七章　意識決定生命層次

胡思亂想身受累，心平氣和境和諧；

頻率提升智慧添，漸入佳境好境界。

　　世人有千差萬別的遭遇，是因為有不同的心理狀態所形成，而這些差異大致可歸納為兩大類別來觀察：一者是福報，一者則是智慧。

　　福報的呈現可以從世人不同的生存條件清楚地看出差別。人也常因為不明白形成自己境遇的因果關係，而時常產生抱怨與不平。殊不知福報的俱足都是有實實在在的含藏因素所促成的。這些福報是透過付出、奉獻所累積而來的。

　　至於智慧則與每個人的思想觀念以及意識層次的內容有關。思慮靈巧者往往在處理事務

的過程當中，可以迅速地展現過人的見解與想法，但頭腦意識精明的人不一定都能處事、應對得面面俱到，甚至在自己的內心亦常因為思慮的欠周詳而產生很多後續的煩惱。這就是聰明與智慧之間微細的差異性與區別。

人的意識可以決定其生命的層次，因為意識狀態會形成一股相當強大的作用力，此種意識的特有狀態就是造就生命層次的的元素。

生命的層次在於宇宙當中有太多的級別與分佈境界，所以**如果現在你對於自己的生存條件十分不滿意，最有效的改善方式就是先從自己的思想觀念改造著手**。可是一提到改造，以人類的認知觀念，就立即又在頭腦意識當中設想一個更具框架性的想像空間，或者只是憑空奢想自己能夠過得更好，希望自己所有的慾望都能得到滿足。然而這樣的心理狀態仍然是循著人類「求不得苦」的老模式運作，根本達不到更高頻率的喜樂、安穩狀態，因為不懂真誠

無畏的付出是心理能量達到高頻振動的富足運作模式。

人生苦短，但時時都在透露著生命提升、改造的訊息與契機，只是人們的心總是困在低頻的意識思惟迴路，不能擺脫習慣性的觀念與思考模式，因此無法通往更高維次的振動頻率。

世人都是因為有滿腦子的知見認定，而使得自己成為進入高維境界的絕緣生命體，因此需要親近比自己更有智慧的人，方能擺脫這種困境。人若是不懂得選擇益友與善知識為交往對象，久而久之，自己的意識頻率將會受到影響而難以提升，甚至可能因受到低頻干擾而使自己的能量耗弱，簡單的說就是變得更愚昧。其實這也是跟自身的振動頻率不夠強大、不夠穩定有關。

物以類聚人群分，活化心智頻率增；
初發根苗善護念，營造環境淨六根。
遠離雜思心正向，吸引法則好運成；
智慧俱足福報有，聖凡如意境界升。

　　一個決心想要改造自己生命的人，首先須要選擇一個對的環境，又能提供自己在心智與福德增長上有絕對助益的條件與對象，否則很難將自己目前的生存條件與未來生命的另一個新的起始提供足夠的養份與資糧。這是人類生命中不可等閒視之的重大課題！～

第十八章
唯有你需對自己的生命負責

超越對立明是非，翻騰意識當即歇；

淨化思想煩惱滅，歷事明心升一階。

　　世間諸事都是從不同的心理作用所衍生。
人身處於紅塵之中，皆緣境生心，因心顯境，
因此所有人心的映現都由各自獨特意識觀念所
構成，旁人根本難以透析、理解。有時甚至是
連自己都無法控制自己內心所生起的念頭，往
往隨外界的人、事、境、物互相牽引意識能量
纏繞而形成彼此心靈的關聯。這一股無形的力
量即是人類業識種子不斷落在心田記憶中，並
烙下深刻的印記。其影響程度之廣泛與深遠，
則非人心膚淺的想法可以想像的。

每個人都該為自己的生命趨向負完全責任。雖然環境加上外界的人、事因緣，都是決定自己生命層次的助緣與觸媒，但如何抉擇仍須由自己下達意識旨令。即便消極被動，也是一種選擇的態度與作法，因為未來意識生命的發展完全取決於你當下的心態而定，因此怎能不謹慎看待自己每個起心動念？一旦心念意識出現偏差，未來必須由自己承受痛苦煩惱循環不斷的後果，屆時懊惱追悔已無濟於事。

　　人們總喜好在現象上去論定是非對錯，為自己的主張作義正嚴詞的辯解，殊不知世事的發展牽涉了太多人心的意識層面，而一切意識狀態所形成的結果，都會受到宇宙的法則與循環定律所約制。這就是宗教人士常說的因果法則。

　　世人大都站在自我的角度去思考問題，總是陷在是非、對錯的漩渦當中。有時情緒性地涉入，非但無法釐清問題，反而造成更複雜的

困擾。

意是一種思考的心理狀態。人類脫離不了心識功能的活動；識則是一種了別分判的作用。了別分判大都依據自我的慣性邏輯，亦是十分本位的意識形態，若不能超越此一心理運作模式，心智是很難提升的。

生命的層次取決於每個人的意識高度，但甚少有人能主宰自己的意識運作。絕大多數的人都是被外界的境相來引動自己的情緒，甚至波及身邊的人與事，有時可能造成生命中難以彌補的缺憾。這一切只因人們不了解意志所具有的影響力。每個人的意念即是驅使語言與行為的指揮中心，如同一具發射器，若不戒慎，可能造下身、口、意三種業，讓生命失去基本的安穩與自由。

宇宙間瀰漫著無限浩瀚的能量，可稱之為炁，是一切生命的起源，也是生命最終的歸屬。只可惜人心陷在分別、對待的意識中爭鬥

不休，將連結宇宙高層靈等的線路阻絕，使得自己沉淪於紅塵的浪潮中隨波逐流，實在可悲。

　　人若凡俗心念不止，就只能按循著心念意識的循環模式進行。一旦捲入人我、是非的陷阱中，即很難保持冷靜、清醒。既然無法清醒，就會執迷在事相中，即便自認為是在伸張正義，都很難以對方的角度去思考。**只有能做到對境不住心，不陷入對待，才能保持自心的清靜**，否則將付出沉重的代價。

　　人生的過程時時刻刻都是決定生命品質的關鍵時刻，因為無常如影隨形，只有始終保持清靜心，方能確保自己的生命免於苦厄。可惜人們都把自我看得很重，反而忽略了自己的生死解脫大事。一旦事情不如己意，或與自己的認定相違，則出現情緒性的反應。凡事均以自己的好惡為標準，即使有宗教信仰，也未能安住在真理上。

每個人必須對自己的思想、語言、行為負責。改變心思、扭轉命運，無人能代勞，唯有靠自己。每個人最終須對自己的慧命負完全責任。

　　生命等級觀念轉，凡夫俗子意識纏；
　　遇事起心識翻滾，更待何時心態安。

　　老實面對自己的內心，深入參悟人事所帶來的啟示。先別急著判斷、認定下定義，如此才可確保自己不受事物的表相所蒙蔽。

　　活出自在是每個人應該具足的分內事。若要做自己，切記不要老是忙於外在的事務。**人生中最重要、也是唯一須對自己負責的事，即是了脫自己的生死大事。**

第十九章　從心覺悟生命

人心妄動煩惱根，意識牽纏我執深；
轉念淨心智慧顯，從此世間少一人。

　　人世間的一切皆是由眾生意識心念所建構，也因此而不斷上演輪迴生死之戲碼。由於妄念執持、固化，則難以跳脫自心所設下之陷阱。所謂陷阱即是綑綁身心自由的無形枷鎖。

　　破解意識程式乃是將僵化的思維模式更新，往更高維次的靈性世界昇華。雖是如此，仍不可脫離人道世界所有的潤生取向，故人心若能知修，則會將紅塵影事看清觀透，參悟出生命的真正實相真諦，能夠在幻生幻滅的器物世界，將心靈深處的性德激活，展現出生命最高的價值與光輝。

以人道生存的面向來觀察體會，人身僅能在宇宙間以短暫的生命形式存在，然而**大宇宙的神聖大能時刻都不離所有眾生的內在**。如何突破、蛻變、耀升心靈的等級？這都將如實地體現在每個生命存在的過程中。也是人類思惟意識理解中最難體悟的部分。正因為難以體悟，才造成靈性一直困陷在這個能力有限的軀體中，無法通達永恆生命的本源。

從心覺悟生命是一個開啟靈性昇華的不二法門。**人若不明自心，永遠都掌握不了開啟心靈成長的鑰匙**。雖然人在明心之前必然會有一段相當混亂的意識作用反射，但只**要掌握靜默澄心之要訣，即可以確保返璞歸真的方向無誤**。

難即難在人心習慣處在波動的狀態，使得心甚難保持平靜。當以往累積的因因果果呈現之時，更是在考驗一個人的修為功夫。**倘若面對嚴峻的考驗，尚能保持心平氣和，將萬緣放**

下，**此人的境界必可瞬間躍升一大截**，只可惜世人終不明人生似幻，花花世界僅是藉幻修真的試煉場，能及早覺悟此理者，不論其在世時是否如意，皆能坦然以對。

生命可貴彰德性，浮生如夢莫蹉跎；
良知常存顯良能，此生成道德無遮。

人心欲由凡轉聖，須能真正徹悟本性，明覺本心才能無憾此生。**人心即是散發靈性光輝的能量源頭，因此若要完全發揮佛性的威德力，必要懂得運用本心的力量。**

因緣殊勝啟良機，法糧化現當珍惜；
正心正念得天助，皇天不負道心集。

第二十章　你從不屬於這裡

事物皆有時效期，情境磁場映心理；

突破限制化觀念，提升心靈昇品級。

　　人類生存在此有形之物質世界，不斷在內心與外在的物質之間產生了精神感官的種種覺受，交織成各種生命不同的篇章。因為人的內心始終都關聯著元始的靈性大能本體，故時刻皆可接收到來自高維世界的能量補給與精神靈識訊息的傳遞。

　　當人處在意識混亂的情境下，最容易切斷與高等靈訊連接的管道，因此就會將生命的品質降低維次，也就是降低心靈的層次。若一直往下墜的方向發展，此靈性生命將不斷趨向於物質化，甚至成為物化的產物。

宇宙之間充盈著無盡的生命靈能，層次越高的靈性生命，其自由度越寬廣無垠，一旦受到外在的形象物質誘惑時，即會相對降低靈性的高度。

　　人都是處在一種極度顛倒妄想的心境與意識、觀念、思惟的模式。這樣的人類意識是相當違反大自然的規律，因為不知利用大自然豐盛富足的全能機制使自己提升，反而把人類與生俱來的天賦蹧躂，往狹隘的方向營求。須知大宇宙自然的運行規律，對於全然無私的付出所作的回饋將是無盡的富足。

　　人類在無常變化的世間，不可能享有永恆的安適，因為生滅的變化過程即是物質世界不變的定律。萬事萬物皆有其保存期限，一切終將毀壞消失，即使是看不見、摸不著的心理、精神、意識層面，都離不開三維世界的成、住、壞、空循環規律。只是人心的力量很大，大到可以不斷延續、放大一些心裡的執念，可

以透過自己心識的執持力道將其無限期延伸、
轉化，隨著人的精神與心理狀態，化現出不同
時空的延展，輪迴、循環在一個渴望慾求的妄
想心理，不斷建構痛苦且永難事事順心的局
面。

　　人的無明正因為被自己建構的妄想蒙昏了
心智，使得心靈不能前往更神聖的存在境界。
但世人即使深切體會到無常之苦，都很難掌握
出離苦淵的竅門。以最容易、最淺而易見的守
身、口、意所造的三業，都沒有幾人可以做
到，更遑論能進入通往高維的門戶。

　　雖然有些覺悟性較高的人懂得於有生之年
探索生命的真相，但大都搞反了方向，總是習
慣運用感官的慣性向外攀緣。殊不**知通往高維
宇宙的門徑，始終隱藏在每個人的內心之中。
只要掌握開啟心性的鑰匙，則會發現內心蘊含
無窮無盡的寶藏。此一能化現有質（價）的生
存資糧所需要的金鑰，則是有別於世人所認知**

的智慧。

　　具有無限的廣大智慧，方能時刻與高維次的龐大能量場接軌，雖然仍身在人世間，卻已掌握回歸的大道。

　　人世猶如解謎題，知悉幻象可出離；
　　靈性自在不受拘，放下執礙入本體。

　　人世間僅是靈性遊歷的一個旅程而已，當生命的保存期一過，靈識僅能帶著行李（業力）前往下一個旅程。

　　唯有歸心確立之人，不僅願意踏向通往回家之路，而且知道必須一一捨下沿途風光，因為唯有回到家中才是安穩地處在富足充裕的圓滿狀態。〰

第二十一章　心境決定人的氣場

心境開朗路寬廣，勢態平和好氣場；

時時保持念正向，心轉境轉運勢彰。

　　人的心是一個無窮能源的發射場，人心處在什麼樣的心境狀態，則相應形成什麼樣的氣場。此氣場本身正是一個人的運途最主要依恃的根據，因此人在不斷追求物質慾望滿足之同時，心靈亦須成長、提升。

　　除此之外，世人還須對心理運作功能之原理具有充分的認知，並懂得予以運用。這些無形的資產遠比有形物質的獲取來得更重要，能讓身、心、靈得到根本的改善，這些都是生存所需的良好品質，可令人的心理得到平衡。

　　心境是每個人特具的心理狀態，也是從內

展現於外的個別氣質。**所謂「氣」即是籠罩於每個人周身的一圓磁場。這股能量就是每個人的貧富、貴賤、吉凶、禍福所依據的來源。因此一個命運乖舛的人若想改命轉運，必須先從改變自己根深蒂固的習氣、毛病與脾氣作起，讓自己的周身出現良好的氣場，否則問題永遠無法得到根本解決。**

此一原理很簡單，能明白此理而又肯遵循的人，即可改善自己的命運。然而一般人都無法擺脫習性的糾纏，總是習慣循著固化的觀念與想法去應對人、事、境、物，因此難以在心性上有重大突破，當然也不可能改造自己的命運。

人生所遭遇的困難與災難，有時以實相的角度來看，其實是上天賜給人類的極大恩惠，因為遭遇困難，人才會想要改變。為了改變現狀，才會進一步把想法予以調整，對事情的看法、認知就能產生重大的突破，一些行為與作

法也會跟著調整，這就是生命改良的契機。當事人必須懂得感恩，並對於一切事物的呈現坦然接納。隨著生命的進化，即會開啟更多可能性，令眼前的道路更加寬廣。

消極被動的人只會在問題發生時才想辦法去挽救、改善，而且心中往往懷著怨氣與不平，結果只不過是被動地應付煩惱，對心理層面的提升效果有限。若能從困難中體認到生命變化的真實本質，進而轉變心境，那尚值得慶幸。就怕有些人遇到困難時，心境即陷在痛苦、難以自拔的深淵，使得身、心、靈受到更大的戕害，那即是人類最大的悲哀。

明晰心理功能何其微妙的人，能夠輕鬆自如地常保內心的喜樂，即使遇到困難，都能以正向、樂觀的心態面對。如此不論順境或逆境，都可收獲生命成長、躍升所帶來的豐富資糧，更能迅速通過逆境的考磨。因為人的心態所散發的能量氣場，會吸引、感召能量屬性與

頻率相同的事物來化現，此即是禍福無門，唯人自召的道理。除了根據過去所造下的因緣之外，當下的心態、意念亦是極重要的因素。

物以類聚成磁場，人心取決德能彰；
好心好念好意想，吸引光明能量場。
能量清濁正與負，福報災難箇中藏；
心存善念無所求，宇宙天律公正償。

了解心境與氣場的微妙關係，方能掌握運用此一能成就自己、利益大眾的訣竅。這即是改造生命的不二心法。

第二十二章　喚醒心中的巨人

> 煩惱憂愁苦心情，悲喜交織世間景；
>
> 解套破解意識觀，心中巨人早甦醒。

　　人之煩惱憂苦皆因心中存有無謂的妄想、分別、取捨，使得自己陷在一種患得患失的心境狀態。此種心境正是阻隔智慧生起的根本原因。人應及早了悟：不該讓自己的生命形式一直困陷在這樣低頻思惟的模式中。有了這種覺悟，才有可能將心智完全開發展現出來。

　　人之靈性心理皆來自極高、玄妙的宇宙源頭。雖然目前世人大都深受成為心理障礙的憂鬱、苦悶、痛苦所擾，但究其原因，不外乎是從「我」所衍生的種種人際方面的問題。由於**所有人際的障礙都建立在一個「我」的基礎**

上，即使當事人的心理上認定自己所為的都是為了週旁的人與事設想，其實究其實際，都還是建立在一個「我」的認知、「我」在付出、「我」在犧牲的主觀意識之假象錯覺之上。若不能認清此點，世人永遠都只能在人我之間的恩怨糾纏與情份的執著上面打轉。這種被世人視為正常的人際交往現象，正是人類千古以來無法跳脫的循環模式。

　　早些喚醒心中的巨人吧！人人心中皆有一個與宇宙源頭相連互通的本性存在，而此原始的神性力量是無比的廣博浩大，而且不受任何外在因素所侷限、控制。但人身處於此人際交流愈發頻繁的世代，早已與心中最單純、最有力量的本能脫節。這是因為受到外界的事境所蒙蔽，但本來的功能並未喪失。

　　只要懂得適時切斷內心對外界境相的執取、妄想，即可進入內心浩瀚、無窮微妙的嶄新境界。然而對一般執迷不悟的世人來說，放

下不必要的憂慮與煩惱、執著是相當困難的，所以千古以來，能從世間幻景中覺醒解脫出來的人可說是寥寥無幾。

　　隱藏於心中的巨人與宇宙源頭富足的能量串連，以靈性與心性的原始狀態呈現，沒有形象的侷限。稱其為巨人，是因為一個覺性的生命體可以發揮生命無盡的潛能與最佳狀態與價值。內心強大者是為真正的巨人，因為心不再受到外界的種種誘惑與事件動搖心志，甚至不受軀體生命的威脅，能以巨人的視野俯看紅塵世界所有的幻影，而不受外境撼動內心的平靜，此即是甦醒後的生命喜樂。

　　人若不覺醒，終日都處在因小失大的顛倒情節中，為了微不足道的小事，終日糾結於內心，時時處於人我、對錯、是非的漩渦當中，何時方有出苦之一日？

　　必須喚醒心中的巨人，此生才能真正成長、提升、脫離生死輪迴，否則繼續陷在凡情

俗慮的小小框架中做人，雖然知苦卻不能離苦，那何其可悲！

　　意識的固化模式是綑綁心靈，摧殘心境自在的陷阱，只不過人不明白自己時時刻刻、分分秒秒所慣於運用的思考邏輯，都是污染心田的垢穢因質。

　　人對罪惡的定義多半是指作奸犯科而言，殊不知人的思想若處在不清淨的狀態，其危害程度與殺傷力絲毫不亞於惡行所留下的遺害，只不過造惡犯罪所呈現的苦報，是令人較難以消受，但世間的因緣果報，即使是善業、善報，都仍是在因果牽纏、糾結不清的範疇，離內心永恆的平靜、喜樂、輕安太遙遠了。

富貴榮華言福報，究其根本業未消；
生死輪迴不停歇，豈能喜獲真逍遙。
內在巨人早自主，莫因小事總受苦；
停下執念能看清，超越凡塵煩惱無。

能真正達到覺醒之人，必要認清世上的俗事都僅是短暫的因緣過程而已。切不可為了無常的瞬間所造的業因，搭上自己崇高無上的原始身分。

第二十三章　守口德 存厚道

> 思想觀念映心態，口德謹守氣運開；
> 心存厚道不損福，人道基礎公心在。

　　人世間正是心靈成長與墮落的分界點，亦是心靈晉昇或沉淪的形象世界，因此人之智慧與道德即是保全生命、向上進化不可或缺之主要依據。

　　人以群分，即在於人與人之間能透過言語傳遞觀念，影響彼此的心態與心智，因此人必要懂得選擇賢良益友為交往對象，才能在人世間透過生命歷程與因緣，不斷成就自我，超越心靈層次，不因負面意識的干擾而降低心智的頻率。

　　可惜人之劣根性強，總喜好談論是非、對

錯，在評判他人之時，會有一股莫名的原始習氣驅動，即便心中明知應有道德分寸，卻仍熱衷於論人長短、對錯。殊不知世上所有的紛紛擾擾，都是與人我、是非脫不了干係，此正是人類一直以來自尋煩惱的根源。

世事確實需要有一定的是非、對錯標準，以維護生存社會之活動與秩序，然而人類複雜的人際交往過程，有很多對錯觀點都僅是各自站在自己的立場所作的論定。再者，由於彼此認知上的差距，加上以堅持己見的角度，是很難達到共識。若不能保持超然客觀的立場，凡事均按照自己的標準，必然會造成人際關係失和，帶來挫折與困擾。

口德是三業中最難守住的一環，雖然世人都明白禍從口出的道理，但有時面對不順自己心意的人與事時，難免會有損人的言論隨著情緒的波動脫口而出。這種低頻率的念波所挾帶的負能量，足以攪亂週遭的磁場，其殺傷力不

可小覷，可能導致嚴重的後果，並於無形中折損了自己的德性。

　　不知謹守口德的人，常會使得與自己交往甚密的對象彼此受到傷害而成為冤親，導致未來自己必須承受因果循環之苦果的後續效應。這種難以收拾的後果，往往是妄造口業者始料所未及的。

　　為何修行人必須破解自己不良意識的程式？即是希望藉由淨空妄想，達到重新審察自己心中不清淨的慣性思惟，以免總是在人我、是非、對錯等紛爭上牽纏打轉。必須保持一顆單純、正向、樂觀、感恩的平等心，才不會做出傷人害己之事。

　　人之德性與心中是否厚道有直接的關係，**一個內心平和、有德性的人，不論遭遇任何毀謗傷害，都不忍口出惡言去傷害、貶損他人，這即是應有的厚道。修行人更應注重口德，不**

可遇到不如意之事或人即妄加批判，若是如此就連無修之人都不如。

　　每個人的心性、靈等的高低，取決於此人的德性高低。厚德方能載物，方能成大器。若眼中、心中容不下一丁點不順心不如己意之事，如何能提升自己的格局？若心量、格局狹小，心思終日在是非、對錯上打轉，如何能將人事來圓滿？這些皆是人道最基礎的倫理，若無穩固的基礎，想要提升心境、靈等，猶如緣木求魚。

　　口德人倫為立基，厚道量廣超俗域；
　　表裡和諧貴真誠，智慧轉化解情緒。
　　內心平和必淡定，遇境善觀則理性；
　　為人基礎存厚道，自在融洽大平靜。

　　當下的世代，人與人的交流愈發頻繁。雖

然多數人仍常被自己失控的情緒左右，但只要懂得及時放下自我意識所形成的僵化觀念，即刻便能獲得嶄新生命的境界。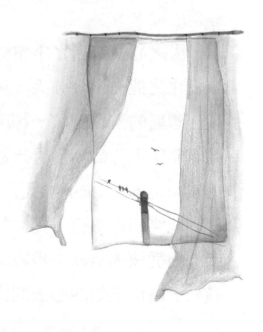

第二十四章　存在　自在

生命層次觀自在，心靈品質當下開；

存在意識分良劣，靈等智能來編排。

　　生命是宇宙之間最大的祝福，被上蒼賦予最神聖的創造資本，此即是萬有存在、演化、呈現的根本。

　　人之心靈保留了宇宙源頭最純粹的因質，其顯化之能力十分強大。可惜人具有了這樣強大、豐盛的資糧寶藏，卻因為意識與源頭脫節而產生了內心的極度匱乏感，衍生了貪念索求的空虛心理。殊不知人之心靈透過意識的編程，能夠創造出百千萬般的化現功能，若顛倒妄想地從枝末事務去爭取、競爭，而不懂得反過來，由自己的內心去開顯龐大無限的創造功

能，將難以與萬物和諧共存。

　　人之所以陷在貪求欲望當中，正因為有了一個小我意識的錯覺，加上人與人之間彼此心理上的認知差異，形成了極度複雜的人際關係，因此彼此的恩怨情仇緊緊相扣、相引、相牽、相纏，使得生命的維次不斷下降，心識的格局不斷縮小。那即是心靈不能自在的主要因素。

　　生命的存在是一種極為自然的宇宙演繹過程，其中包含了心、意、識的組合。若能在心、意、識的功能不斷的作用下，保持那份天真自然的清靜心態，則能自在、不受拘束地逍遙於宇宙空間，善用心、意、識的微妙功能，來為天地貢獻一份原始本俱的能力。

　　自在是一種了脫心靈牽掛之後所呈現的輕安，不會被內心的汙染意識驅使而造作不良行為，心中亦不受任何牽絆，能時時保持淡泊，沒有患得患失的焦慮。人生在世，雖然受到天

地萬物的長養恩德，卻因爲內心的貧乏而不能以等值的貢獻作爲回饋，僅是終生迷惑在人、事、境、物的擾攘中，難以保持身心的平衡狀態。這即是世人無法享有心靈自在的主要原因。

凡夫俗子儘管用盡畢生之心力來滿足自己的貪慾，求取財色名聞利養，最終卻發現一切猶如空花水月，虛幻不實，辜負了難得的人身，錯失了藉假修真、脫離輪迴的大好機會。

生命的存在是上蒼賜予的神聖狀態，其本身即是一種因緣俱足的化現，若不能享有心靈的自在，則如同極度的苦刑一般。存在本身雖由因緣而來，但其品級可從心、意、識等方面著手提升，來實現生命自在的本質。

生命存在皆神聖，心性提昇智慧呈；

心量擴展心無我，合於本體顯大能。

人心狹隘三毒深，自私自利苦沉淪；

心不自主徒問神，智慧障蔽煩惱增。

　　存在的最主要目是爲了生命的進化、提升、成長，以達至永恆的自在。各人意識頻率的高低與知見多寡無關，而是取決於自己的心量、胸襟與格局。減少內心的妄想即可化消許多外界不必要的衝突，這有賴於真正的禪定功夫。

第二十五章　放下自我意識的框限

> 小我意識構幻身，本位主義惱苦根；
> 人我觀念起分別，親疏對待恩怨成。

　　人之所以長期處在煩惱、痛苦、憂慮的生活形式，都是因為不能夠明白：**所有生命都是來自同一個源頭，只因各人內心狀態之差異，使得每個人的遭遇、與命運呈現千差萬別的不同樣狀。**

　　人心因為困在此形形色色的物體空間，而將感官對於器物世界以及人際關係的覺受，當成是生命所有的一切，甚少有人能冷靜下來，仔細思考一下生命究竟的實相為何。

　　人之內心的想法容易受外在環境、條件、事物所影響，導致生起情緒性的反應。在這樣

的感官意識循環模式下，人的生存缺少了定性與通曉宇宙實相的定見，僅是被動地隨著外在因素帶來的刺激，驅使內心不斷追求慾望的滿足，而汲汲營營過了一生。

因內心空虛與需求所產生的慾念，雖然成為生命活動中的最大動力，但也為了滿足慾望而耗費了極大部分的寶貴時光與精力，甚至在追求物慾享受的過程中，因不擇手段，埋沒了天良，致使自己的靈性趨於物化，甚為可悲！

每個人的自我意識，正是其生命狀態最堅固的外殼。這層硬殼因為自我執念而不斷強化，形成難以摧毀的習性與人格特質，使得生命改造變得極為困難。唯有在遭遇重大的挫折與災難時，人才會因為求變而由內心尋求改造的契機。所謂「危機即是轉機」的徹底實現與極致正是要超越人的思維邏輯所認知的好與壞之定義，把看似嚴厲的宇宙法則及因果定律下所呈現的果報，因心智的改造與成長而能通

曉,並感受是上天最慈悲的恩典。

放下自我意識的框架,必會有一段很痛苦的掙扎,但若能隨順自然規律的循環調節而達到內外和諧,徹底臣服其中,將可迅速通過生命的進化過程。

放下自我意識的掙扎,首先需要明白:**自我意識是由於自心迷惑、顛倒、妄想所產生的幻覺,因不斷疊加而形成僵化的思想模式,必須徹底放下、捨離才有改造的可能。**

生存的現實狀態是一種不斷變化的過程,會有各種因緣不斷聚合與滅散,對於思想固執的人而言,將會因為難以適應變局而陷入痛苦的情結。本位主義者永遠從自己的角度去觀看所有人、事、物,無法理解天地之間因緣果報形成因素的複雜與多變性,因此與外界的衝突是不可避免的。

在沒有掌握生命真相與原理之前,沒有人可以擺脫因緣法則的束縛,其結果則是絕大多

數的人終其一生，甚至累世都是處在人我是非、親疏對待等複雜、混亂的關係與情境中，以致生生世世困陷在紅塵當迷客，不知道為了什麼而活。

當代人類意識已配合宇宙大揚昇而進入全面提升的時代。許多人逐漸趨向覺醒，開始探究生命存在的意義。然而若是方向與心態不正確，可能不但無法釐清盲點，反而會更加深意識的固化與執著。

有些人雖然開始知道修行的重要，也認定自己在參禪靈修，但心中所想的仍然不離凡夫俗子的思考邏輯之範疇，仍不放棄渴望慾求的執著。殊不知若不先捨棄這樣的凡夫知見，回復內心少思寡欲的平和狀態，將永遠無法進入真正的自在而永恆富足。

尤其是**扮演心靈嚮導角色者，自己本身必須先達到清靜無為的境界。若仍停滯在人我、是非、對錯的漩渦中，以及親疏交情的分別觀**

念下，智慧將難以萌芽顯發。因此作為嚮導，自己須先認得來途與去路，熟門熟路，才有資格成為領航者。否則自己都迷失在旅途中，還想招攬更多人加入陣容，那無非是依盲引盲相當危險，更是一點意義都沒有。

破解小我意識摧，突破人我出重圍；
親疏交情障眞智，開闢心地本性歸。

想進入宇宙大智慧源頭的團隊，必須及早停止自我意識的妄心糾結。人心太疲勞了，輪轉了千百萬劫，還不想止歇？總是牢牢抱著自己的知見不放，甘願繼續淪落紅塵打滾？

僅是口頭上的自我催眠是不夠的，猶如不切實際的自我優越幻想。必須自我猛醒，及早放開心量，破解頑固的意識框架，生命才有美好的未來。

第二十六章　執著源自內在匱乏

執著主觀稟成見，著相迷惑觀念偏；

內在貧乏智慧障，放寬心量福德添。

　　人生存於此二元對待的世界，由於心理意識層面的不斷強化建構，並與外在的事物結合，形成一股強勁的力量，框限了人的心境自由。

　　人多半不會意識到內心的思想與外在的事物有著緊密且難以分割的關連，只能隨順外界的刺激與感官的覺受，不斷將心向外攀附。如此的作法正是與宇宙的循環法則相悖逆，因為天地間一切有形有相的呈現，都屬於無常、變化不定的狀態，因此常使得人感到不能順心如意。

人想透過爭取來獲得慾望的滿足，卻常因無法如願而陷在痛苦、煩惱、憂愁、渴求的情緒中，以致心理失衡，進而導致生理機能失調，使得自己身心皆處於極度痛苦、混亂、心情浮躁不安的生命狀態。這是生命過程中最可悲的無奈現象。

執著不論是對於親情、友情、愛情、民族之情懷等各方面，都是一種令人十分糾纏的牽絆。人從出生的那一刻起，便註定在社會的人際群體中生存，故對此生種種的人際因緣會產生一定的依賴、執著與愛戀。然而人與人之間的情份深淺、因緣好壞與長短，都與過去所結的因緣有關，應該理性看待，並以智慧來圓滿，才不會因情執陷得太深，或因觀念差距而互相傷害。

人總有喜好比較與分別的習性，加上受到社會上普世價值的觀念影響，常會生起種種妄念，導致自己心理不能平衡。這正是因為對於

生命的意義缺乏正確的認知所致。**人生在世即是一連串透過無常、變化的生命過程，讓人體會宇宙的實相，了知器物世界所有的幻化、生滅現象，僅是短暫的因緣聚合而已，一切終究要回歸於「無」。**

人生的歷程即是認識宇宙奧祕的旅程，可惜進入旅程的過客往往都對於沿途風景太過於迷戀，以致遺忘了自己原來的身分以及來到世上的真正目的。有者甚至因為貪圖旅途中的一些事物，而把回家的盤纏（福德資糧）耗盡，甚至因為過於貪玩而犯了天律法規，使得身心被禁錮在十分不堪的境地。這一切的困頓，都源自於自己忘了自己是「誰」。

執著最根本的支撐點，即是一個以「我」為中心的主觀認定，以自身的利益與觀念認定作為所有行事的考量。結果則會有太多的欲求無法達到滿足，衍生出更多不平、挫折與痛苦，然而當事者卻渾然不知：**這一切的煩惱全**

都源自於自己內心的匱乏。執著並不會使生命更加豐盛美好，只會障礙生命境界的提升。

人的內在原本是一切俱足的，包含無形的力量與有形的顯化。為何墜入紅塵即喪失了無限的富足與顯發的功能？原因即在於受到感官覺受與生理現象的迷惑，而使得原始本能的掌舵主導權，落入思想習氣所構建的意識形態手中。

認清生命實相最快速的方法，即是拋開小我的意識糾纏，不要老是往死胡同裡鑽，一味困在固化的意識觀念中卑劣地屈就營求。何不轉過頭來，朝向光明坦蕩的心靈大道邁進？只要徹底認清實相，果斷地放下小我的意識框架，則心胸、視野將會變得無限寬廣。

平等心懷無固執，因緣公正不徇私；
消融我見顯智慧，世界美善轉念時。

心境改變，世界將隨著心境轉變。人最大的迷思即是抱著固執的思想，頑強不化。一旦敞開心胸，放下執著，即會發現：自己從來都不該被執著綁架，如此才能找回真正快樂。

第二十七章　既定思維阻慧智

固化思維成故習，僵持垢穢染淨依；

智慧受阻因執念，放下開解出迷離。

　　人類所依止的思想觀念，總是處在一種循環往復的軌跡中運行，其結果必然超脫不了原有的生命藍圖，因此想要大幅度改造命運，是相當不容易之事。又一般人早已習慣將自己所遭遇及面臨的瓶頸與困逆，歸咎於外界的因素所造成。如此不明究理的思考邏輯，即使得事務的因緣更加複雜化，不但無法改善現實的生存狀況，反而因不明事務形成的原理，而僅能從事情的表相上求改善，以致心中常感到無能為力的痛苦。

　　人最大的迷思，即是不知道如何扭轉自己

生命的不良循環模式，因而陷在難以招架的無常與煩惱不斷的漩渦中，在迷迷盲盲（茫茫）的心理交錯情境中掙扎，越是迷惑，越是向外發洩情緒，想要以轉移焦點的方式來終止煩惱。也正因為此種不智的觀念，造成內心極為混亂的局面。

　　人類的智慧原本就相當的高明，比其他物種生命更具有思辨、創造的天賦本能，但也正因為這種與生俱來的天賦，使得人心擅於比較、喜好分別、且因妄加定義而導致觀念固化、執著，妄想不斷紛飛，造成人類的痛苦與煩惱堅固地烙印在深層的記憶體中，甚難清理與化除。

　　隨著感官接觸外界事物，常會勾起內心深藏的記憶，經由意識的疊加加乘、交互的作用，使得人的心境很難保持處於清靜、平和的狀態，容易感召宇宙間的負面能量訊息，致使靈等更加難以提升。

破解意識程式

　　提升靈性品質最迅速有效的方法，即是隨時淨空自己固化的觀念、思想，對所有的事物敞開心胸，避免對任何人、事、境、物妄加定義，讓內心充滿不分親疏的愛，處於一種清澈、空靈的寂靜中。須明生存境界的眞、善、美或是虛僞、邪惡、醜陋，都是自己心境思慮下的產物與映射，所以才會說：心淨則國土淨。

　　一切唯心所現，有何種心胸視野，即呈現何種境界層次。這是千古以來，宇宙不易的眞理，只是人心常私心用事，無法無條件地對待一切事物，所以很難體會到天地的無爲、廣博與慈悲。因此人的品級不斷在世人所認定的善惡中游移，一不小心即可能造了罪過而累及身心受苦，嚴重者甚至萬劫不復。這是相當可怕的因果循環道理。所以聖人不斷地以過來人的身分告誡世人：**應及早出離這個二元對立性強烈的世界陷阱，才能趁早回到原本自在的眞實**

本性中。

　　思想觀念構命運，意識頻率能量引；
　　層次境界自由度，莫落窠臼心不清。
　　心無所住性空靈，隨緣盡份如實因；
　　瀟脫自如離煩惱，遊戲人生逍遙行。

　　人的心越不執著，智慧就更加靈活。五官
覺受的運作如果切換到意識頭腦僵化的模式，
就走不出既定的迴路框框。**一旦切換到真心清
靜、平和的軌道，即進入宇宙流暢的規律運
轉，可取得並運用龐大的宇宙能量與資糧，不
再受自私、匱乏所制約。這才是生命不斷演進
的真義。**

第二十八章　信念與現象

信念力道深遠廣，意志強勁成現象；

驅動程式來主導，秉存善性境禎祥。

　　信念由人之思想念頭不斷執持、強化、衍
生而成，又信念本身乃一切事物現象化的依
據，故人若要改變現況，必須由思考邏輯與觀
念認知上去修改程式，如此才能進一步將信念
系統來徹底改造。

　　**改變信念為何如此重要？因為信念是所有
物質世界創造顯發的根源。**人一輩子，甚至許
多輩子，都需要靠自己的信念系統來建構自己
的生命藍圖。生命本身有著極精密的創造性功
能與機制，而所有眾生，包含一切物種，都須
經由這樣的宇宙機制來化現一切，但也僅是停

留在被動的因果法則之上，受到相當的侷限與控制。然而這種侷限與控制並非來自外力的干擾，而是自己內在的意識所映現、顯化的現象。

信念是催化一切的根本力量，不論是美好的事物，或是痛苦悲傷的事物，都是從生命內在的信念系統所創造出來的，因此所有的生命，在其靈性演化、躍升的進程中，都無法脫離此一環節。

雖然生命的構造是相當玄妙地存在現象，但信念正是驅使心靈不斷淨化升級的重要指標。在生命成長的過程中，通澈明悉系統的作用原理，是極其關鍵的淨（進）化歷程。

以個人的生命形式而言，可分為個人的信念系統與集體的信念系統。**個人的信念是生命存在的原始執持力，也是決定每個人命運中的禍福、窮通、智愚等條件的依據。**而這些客觀因素都是由個人信念系統所化現的實質呈現。

人心若經常處於不良的意識狀態，則會以負面思想作為行為的依據，創造出對自己極為不利的現況，對自己的身心狀態以及外在的環境造成不良影響，而使得思想總是趨向於負面的方向，對自己的信念下達不好的指令。

　　至於集體意志的信念系統之作用力，所能影響的範圍將會更加廣泛、深遠，甚至可對生命存在的環境產生重大的改變，因此人類世界極需要具有智慧的聖者來引導人類整體生命的進化與提升。正因如此，世上總會出現靈性導師，不斷傳遞宇宙生命實相的本質，引領迷惑的世人開發內心的強大力量，啟動正向信念的創造力。

生命奧妙真神奇，皆因信念創造力；
把握心鑰得自主，靈等晉升導眾迷。

生命品級的提升在於突破既定思維的框架，破除小我意識的綁架。首先須將心量無限地擴大，使德性的能量如泉源般自然顯像，如此即能邁向生命無限光明的大道。

第二十九章　消融我執

最大敵人是自己，固執思想總沉迷；

視野思慮向外攀，反省自覺才純一。

　　人類最大的痛苦煩惱，都因為有「我」的執念，不斷向外去衍生的後果。**解決人生最根本的痛苦根源，必須由正視自己內在的執著與妄想著手。去除我執是一件不容易辦到的事，卻是生命成長唯一的途徑。此一觀念顛覆了一般世俗人的想法，但卻是宇宙中千古不易的真理。**

　　人因為各別意識觀念的分歧，造就了此多元的花花萬象，又在萬象循環生息的過程，使得心境、情緒受到極大的影響，這都是因為人類普遍不能明悉人的心思與萬象之間的緊密聯

通、互用之聯動力，因此處在無可奈何的運勢、宿命的認知觀念中。加上世上諸多似是而非的理論，導致人心愈加沒有自己的定見與主張。

由於內心欠缺正知、正見的基礎，使得整個人一生的運途都盲目地交給外在的因素去左右。這是智慧不足的典型情況，因內心沒有主見，只能隨著外在的事物來起現心念。殊不知若將心放在外界的事物上，反而會陷入惡性循環，使得自己更加沒有增長智慧的機會。若不能痛下決心，切斷對外在的依賴，恐怕此期生命的成長即受到相當的限制。

消融我執的目的在於把生命的視野往更高的境界提升，因為阻撓生命境界提升的主因，即是人類有一個小我的強烈錯覺認定。這樣的說法，沒有幾個人能懂得，更沒有多少人可以完全認同，並全然接受，但這正是破解了可令生命上升的密碼。世人最難以辦到的，就是不

再以自己的觀點與自己的思考邏輯去想事情。芸芸眾生中，**能循此法來解脫生命的痛苦與煩惱者，即是所謂的聖人。**

人類生命歷程中最大的敵人不在外面，而是在每個人的內心。我執的強化將自我困陷於渺小的意識框架中，以致凡事總是從「我」的立場來思考，限制了宏觀意識的成長。從聖境來觀，人類的愚癡十分可悲！身為萬物之靈的人類，明明皆被賦予無限神聖的心智力量，卻被小我的執著綑綁，終其一生為了面子問題，不斷捲入沒有意義的爭辯與衝突。

若將一切得失成敗寄託於外在的因素，即使有所獲得，也不可能長遠永續，反而會讓自己處於患得患失的恐慌不安之中。**只有向自己的內在下手，拿回原本屬於自己的力量，才是解決之道。實際的方法即是破解固化的小我意識，將那些不屬於原始清靜的本質徹底清除，使智慧展現、累積，並蓄積能量，顯發德性。**

消融破解為成長，小我框架困心房；
樹敵突顯自不足，融洽合一智慧彰。

　　因為固執而變得冥頑不化的人，只會急著
保護小我，抱持僵化的意識形態，使得自己的
智慧與德性不能隨著歲月不斷累積增長。這是
生命演化過程中最大的阻礙，也是最可怕之
事。若周邊的人事僅是一味附和、順從，甚至
給予讚譽，缺少了逆向思考的警醒因緣，將會
使其更難以從執著的迷思中解脫。
　　自己的生命如何定位，則完全由每個人自
己抉擇。凡夫俗子以其短暫的一生追求虛榮心
的滿足；有智之士則會選擇超越小我的框架，
邁向更加卓越的生命。

第三十章　感恩反面成就之因緣

反省冷靜心自清，善解深觀理必明；
人際關係助成長，同心同德同理心。

人世間是生命成長的良好機緣，因此一個理智成熟的人必要明白：**所有生命的歷程都將成為未來下一期生命的藍圖與模板**，若追求瞬間即逝的慾望，是一種相當不踏實的選擇，不但令身心處於動盪不安的心理狀態，有時甚至將自己身心困陷於恐懼不安之中。

在這樣的生存模式下，人心因為難以掌握命運的方向感，沒有理智的安適，反而更加貪婪、無盡地索取，此乃生命停止進化、成長的可怕現象。

對於生命中隨機出現的另類貴人必要心存

感激。何以稱之為貴人？一般人以為幫助自己度過生存難關，或對自己生活層面給予關照提攜之良緣者，才是此生之貴人。然而就生命之本質而言，貴人即是能幫助自己超越生活層次的侷限與認知。

一個能幫助自己真正向內心認識自己的貴人，可能會以你不太願意接受的方式出現在你的生命中。貴人的定義，一般人只會認定在生存層次方面，但**對於一個朝向生命覺醒的進化者而言，則會將所有一切的順逆因緣與人際，都能當成自己成就的資糧。尤其是能針對自己性格中的盲點與過失，不管以任何形式予以指正者，都是最佳、最難得的良善因緣**（即所謂逆增上緣）。切不可以凡夫對立的心境，忙著抵抗外來的衝擊，將自己的身心處於火氣熾盛的無明狀態，令自己看不到自己的缺點與盲點。

人際的緣分是極需要經營，並以坦誠對待

的，因為**人心常陷在我執固化的觀念中**，所以長久以來都是在不斷造業，常因自己認定的道理而不知謹慎自己的言行，無形中造下難以彌補的傷害，所形成的怨念即使經過好幾輩子，都難以轉化、清理、釋放、和解。這一股強大、無形的殺傷力，一旦因緣成熟，即自然呈現，形成一股橫逆、惡劣的討伐現象。即使有一方願意鬆手放下，然而宇宙間自然的反作用力機制仍會藉因緣來顯化結果，故**世人切莫小覷自己不淨垢穢思想的貽害，絕不要輕忽言語傷人的後作力，更何況是行為造罪的可怕後果**。

另一方面如要成為別人生命中反面成就的貴人，自己本身必要有一定的正直與真誠懇切之善良本質。切莫因為自己的情緒不能轉化昇華，而將「為了你好」當成自己不能控制脾氣的藉口，因為當意念、言語、行動傷到別人的同時，善意將大打折扣，同時自己受到的傷害

更加嚴重，不可不慎！

感恩反面真貴人，自省自津存善根；
人際智慧助成長，始終善良道之本。

　　人與人之間的磨擦以及理念不同，皆是難
以避免的。**必要真誠善待生命中出現的所有人
以及所有順逆因緣，從中去領悟生命的真諦與
意義。藉由人事的交往過程，促使自己心性成
長、超越，順利跨越當下心智的障礙，朝向更
廣博的心量與智能躍昇。**

　　將他人的看法冷靜來反思，把自己的心態
誠實來面對，如此心中便愈來愈沒有敵對的想
法與抗拒的掙扎，只有誠實面對自己最不足的
地方，才有進步的契機與空間。

聖人心量非一般，聞過則喜不糾纏；
心中無敵能善解，境界超然智非凡。

第三十一章　面對自我超越一切

人心混亂境不平，感官蒙蔽心難清；

意識沉重陷僵局，敞開心胸事太平。

　　世人之所以總陷在不斷循環的煩惱心境模式，即是因慣性將自己的感官覺受向外來攀附。由於感官的外放，以致於心中的覺受則處在極度混亂的運作模式。

　　一個人的身、心、靈，乃至於氣場陷在動盪混亂狀態的生命形式，必將承受到宇宙天地間的自動平衡機制，即是法界中的一股常被人忽略的力量：因果平衡定律。這種天地規律常在人與人之間清楚地呈現出來，然而一旦落入這樣的循環模式，總會對生命本身形成很大的障礙與苦厄，**這即是世人所謂的因果報應，**但

整體的宇宙中不單單是以這樣的清償平衡方式來達到相抵，而是有諸多世人難以理解、聯想的平衡作用正發生在此天地之間。

也許世人都害怕面對不好的因果循環呈現，尤其是在人與人的對待中，不論良緣或是逆緣，經常是造成因上加因，果上加果，報上加報的更複雜化。由於因緣果報的觸動過程，人處在稠密、低頻、粗劣的氣場環境下，總是難以生起清靜、淡定的智慧心，才會不斷陷在心智迷昧的困境中。

人與人，甚至人與無形冤親之間的過節，尚好透過困逆因緣來消化。一旦啟動了宇宙天地的平衡模式，那即一發不可收拾，其作用力更是強大，故世人雖畏懼果報現前，但實際上並未真正明白宇宙律法的嚴謹與可畏。

古往之人離天性本質較為接近，故能做到敬天畏地，恭敬萬有。反觀時下之人，稍有一絲能耐，即目中無人，甚至對無形界之自然力

量亦完全不以為然。殊不知人雖俱天賦之本質，但因為人心陷在對立、妄想、分別的狂心作祟，又我執、我見、我識、我慢堅固難摧，眼中只能看見別人的不是，從不反觀、覺照自己的心態是什麼樣的品質。如此之人不論身處何處，外界的紛擾永遠得不到平復，內心的糾纏亦是苦悶難消。在於這樣的心理問題下，根本不可能透過改變別人達到心境的安寧。

認真面對自我的缺陷，是一個殘忍但卻是必要的改造過程。雖說是殘忍，卻是對自己最大的恩典，只是世人普遍對「我」的執著性強烈，凡事均有面子與裡子（即心理）的障礙，不願意跨越。殊不知所有無意義的自我防衛、自我保護、自我抵抗，看在別人的眼裡，卻是欲蓋彌彰的愚蠢行為。**唯有打從心裡完全放下對自我的執著，勇於正視自己不足、不堪、醜陋的心理陰暗面，才能徹底完成生命的進化所帶來的真正榮耀。**

反過頭來面對自我，是世人根本解決內心問題所反射形成的外在問題。所有的外在問題皆來自於自我的不夠覺醒。當內心已無看不順眼的人、解決不了的事、觀念上過不去的坎，即證明自己的心智已能往光明的世界邁進一大步。

　　世間人一輩子都在顛倒本末地運用感官，心中想著怎麼改變別人，卻不明白要改變別人之前，首先必要改變自己對內心、對外界的感官作用，否則把眼睛、耳朵、嘴巴等都使用在自心之外，雖然都是心的功能現起的作用，但注意力都放在外面，不但已經被感官蒙騙了真相，又不知嚴重，不停強化向外擴張虛幻的無明，將永恆神聖的力量喪失。那是迷惑之人的可悲！

生命覺知在超越，不陷感官往外追；
回頭遇見了自己，原來覺悟我是誰。

放下自以為是的主觀立場與狹隘的意識形態，才能回歸本來面目。

第三十二章　執著阻礙生命進化

　　觀念執持不放下，思考意念受綁架；

　　生命靈性心智低，輪迴受限難進化。

　　人之生命在宇宙間是十分神聖、微妙的存在，然而人的心理進化過程需要藉所遇到的各式各樣因緣，來促進生命向上提升、成長。但大多數的人卻不明白此一道理，以致心情、思想、內心的覺受常被外界的人、事、物、境牽動，在喜好與厭惡兩極之間來回擺盪。世人即是被這些短暫即逝的因緣所形成的虛幻感受綁架，使得自己的軀體與精神困陷在很深、很稠密、很堅固且混亂的生命形式中。

　　如此的生命品質展現不了智慧，導致生命能量混濁粗重，身心皆不得自在，所散發的負

能量與不良氣場，會吸引外界相等頻率的人、事、物等因緣來相聚，只會更增加自己靈性的負擔。

若要解放心靈，使其自由自在，必須讓自己心情愉悅，處在高頻率的良好磁場。世上諸多倡導生命、心靈成長的團體，若不能帶領跟隨者朝向正向、光明、樂觀、輕鬆、愉快、自在的方向邁進，那即表示已偏離了主軸。

宗教團體以及心靈教育單位所給予世人的教化，應該是導引其如何順應天地自然的規律，讓生命同宇宙達到協調一致的美妙律動，絕不是制約、綑綁人心的刻板、僵化教條。只有如此方能幫助人類心靈成長、進化。

若執著放不下，只因心中僵化、頑固的觀念未能清除轉化，使得生命的淨化與進化受到阻礙。**一個人不論取得多麼崇高的社會地位，掌握了什麼高超的技能，只要心中存有任何執著的觀念，都無法得到永恆的生命晉升。何以**

如此？因為心中若存有絲毫對自己能力的虛榮心與優越感，都不符合本來神聖的生命狀態，只有無私無欲的自然付出，才是可以達至不求而本自俱足。

　　人類的生命，看似各具一個獨立自主的個體，但實際上都是從大宇宙的總和生命顯化的一小部分，只有逐漸消融小我的個體性，才能淌佯在永恒生命的完全富足狀態。

　　放不下執念是多麼愚昧的心理障礙！放下當下不純粹的念頭，以免其一直發酵，對於心智的成長產生殺傷力。放下心中最強、最難割捨的執念，不論是得失或榮辱的覺受，都會在當事者還活著的時候即構成傷害。一個最深的執念，即使是認為自己是在幫助別人的執著念頭，都是一股強烈的意識磁力，會緊緊地將具有此念頭者的生命綁在層次低頻、粗劣的世界。

觀念放下並非難，通澈天地合自然；

一切造作皆暫時，神聖世界念心轉。

　　世人容易陷在一種自我認知的陷阱，被一種不符合於無為、自然的心態趨使，將原有的執著更加僵化。殊不知這些本來自己以為最寶貴的東西，可能成為自己一直不能超越現況、提升心智的莫大阻礙。

第三十三章　心量定格局

心寬念純萬事寧，不入對立平等心；
器度格局觀心量，境界顛峰應世情。

在人類世界錯綜複雜的社交關係中，每個人與其他人互動時的言行舉止，即可顯現其眼界、心量、器度與胸襟，這些正是呈現其格局的指標。

人最難克服的即是自己心中所生起瞬息萬變的意念，因受到外界種種因素的干擾，使得心境起伏、變化。其實，易受外界干擾的真正原因是：自己的心性不定、智慧不足、心量不大、缺乏理性，使得內心隨著外境所遭遇的困難、橫逆，產生情緒波瀾。

人類眾生常常在紛擾的人事因緣中折磨著

彼此，卻不知超越這種煩惱的方法在於將自己的心量擴大，則可因內心的光明而產生無量的智慧。

世人普遍的弊病即是慣性地將心向外馳而攀緣。由於本身心念不清淨，所見到的外在一切皆會令自己感到諸多不平與問題。世事其實並無絕對性的好壞，只因人心喜好分別而形成固執的意識形態，成為自己獨特的認知、癖好與習性。這即是人世間紛擾永無止歇的根本原因。

每個人心量的寬廣與器度的大小決定了他的格局，因為心量寬廣的人不會陷在人我對立的局面去思考、應對人事問題，反而能敞開心胸，不論好壞，面對、接納一切人、事、境、物，然後正視自己的起心動念，以轉念的方法改造自己的心性，擴展內心的格局。

莫將原本可用來改造生命的能量，消耗在外界不可操控的因緣事務上，以免延誤自身生

命品質的進化，使得內心的意識糾葛更加沉重。

人與人之間的交往可以促進彼此心靈的成長，因此應珍惜能在此一世相聚的緣分，但往往由於個別習氣與自我認知的執著而產生紛爭、磨擦，造成彼此的心理傷害。

一位心境超脫俗凡觀念之人，必要具備相當的度量與無為、真誠的德性，以及不可或缺的智慧。人之所以缺乏智慧，正是因為凡事慣於站在自己的角度與立場，陷入人我、是非的二元對立中去思考問題，不能把自己的知見放下、不能以清靜心去旁觀、不能以理性的態度行使當行之事。

人類眾生因為不能超越人我、主客的侷限與框架，以致長久淪落在器物世界的時空環境中，重複遇到相同的瓶頸，內心形成一個堅固的意識壁壘。這即是人類煩惱與痛苦的根源。

心量的廣闊是同宇宙能量頻率通貫的要

訣，但必須是不假造作，自然顯現於人事應對方面。以德服人方能長遠永續；言教不如身教來得有力。格局、器度大者才能堪當大任，若胸襟狹小，凡事只見他人之過，不省自己之非，則會不斷遭受磨難與挫折。

修行人欲提升修為境界，必當從擴張心量作起。心量廣闊，智慧自然提升，不受小我私慾的限制，如此才有成就大器之一日。

第三十四章　心常清靜

世事無常看得清，人生過客理要明；

浮塵如幻莫糾葛，心胸開闊事太平。

　　人都具有個別的思想觀念，即固定化的意識，因此遇到人、事、境、相，皆會按照自己習慣性的思考方式來應對世事。正因為每個人都有不同的觀點與立場，則形成諸多的觀念差異，加上彼此的情緒未能完全轉化，不能藉由事件的發生為自己帶來心靈成長的資糧，反而在人與人之間，甚至人與自然界生存環境之間，產生一股不良的氣場，對人類的身、心、靈造成相當的危害。

　　人們因為看不見、摸不著這種不良的氣場，而容易忽略此一惡劣條件對人的傷害。相

反的，人若可以將人與人、甚至人與環境以及萬物之間的關係維繫好，所形成的良善磁場即是此宇宙天地間最為可貴的一股能量循環。

人在天地之間也是創造性的一股主要力道。心就是將事務化為實相的重要工具，因此所有關於靈性及心理進化的歷程，都在強調「心」的功能，以及如何利用「心」的力量來創造、實現一切事物。

然而人都是不斷在創造令自己不堪的現況與處境，卻渾然不知，而且不斷地加深、強化對自己不利的思想與信念，因此宇宙中有許多心靈智慧較高的生命體，不斷透過各種方式來傳遞如何提升整體人類心智的訊息。只是大多數的人總是陷在自我意識認知的框架中，不願靜下心來向內觀照，這即是人類痛苦不斷的根本原因。

　　赤子之心近乎道，心性單純不纏繞；

不執不取更無求，自然快樂又逍遙。

看清人生似場戲，藉事煉心智慧俱；

心存道德理不虧，未來光明則可期。

　　一般人最常犯的毛病就是過於多心，甚至一輩子總錯用了心，以致生活勞苦、身心疲累，只因看不清生命中的一切皆是過程而已，其目的僅是藉緣來增長自己的智慧。

　　智慧與福報的增長不可強求，更無須造作，只須隨順良善因緣去行使可以利益大眾的事務。若能常保真心，以慈悲的善性作為自己行為的指南，即會有意料不到的巧妙因緣來成全人的善願。

人心超強發收器，明覺原理調頻率；

莫要小看一念頭，成就偉功善念集。

進入心靈提升、成長過程的人，一定要懂得運用心的力量，才能在凡與聖的領域中都已掌握了生命超越、靈等提升的訣竅，成為人生的勝利組。

第三十五章　停止妄心

停下妄想分別心，保持天性秉真情；
世間際遇皆資糧，感恩善解存良性。

　　生命的過程中，由於人心之意念認定與思
想的作用，而使得生命的品級出現提升或下降
的結果。人必要經常心存善念，保持一顆善良
的真心，時時將個人以妄心分別的思想停下
來，才能顯現原本即具有的理智性。

　　**這種生命進化的過程，如同讓飽經世故的
人反璞歸真，回復單純的赤子之心，也就是生
命原本的樣子。此一工程不能完全靠後天的學
習或刻意的造作，必須於清淨無染的狀態中靜
慮、沉澱，方能讓赤誠的真心自然呈現。**

　　人因為生存環境與本身的際遇，加上累世

的積習，形成了獨特的個性：有者天真，有者世故，有者充滿智慧，有者心性、品格高尚。至於**每個人的未來會如何演變，則取決於此生是否能讓真如自性覺醒，保持一顆天真善良而有智慧的心。**

停下妄想才能顯露真心，因為妄想的本質大都建立在自我的認知之上。既然思想、意念受到一定的框架制約，則無法擺脫一再發生的困擾與難題。

提升生命品質最重要的條件，是先放下既定的思考模式。停下人類慣有的妄心分別邏輯，才能登上更高的生命層次。然而人們即使理解了放下執念的重要性，卻很難如實地作到，這就是生命工程最難克服的部分。

停下妄心是終止不良能量、情緒、氣場發酵與殺傷力的最佳方式。人往往陷在剪不斷、理還亂的思考邏輯中，不能以超然的心境去面對事務，理性地與外界達到和諧、平衡，讓自

我內在保持平靜、安定。因此凡塵之人多半心中沒有完全的篤定、寧靜與安適感。因為心向外妄取於相（現象），以致對內總生出分別、執著的妄心，造成身心內外不平衡、不協調的狀況，使得身心皆飽受苦難。

饒了自己吧！**放下對他人的不滿，寬恕別人的一切，即是徹底與自己的內在和解！**

生命的各種現象都是由每個人的心所創造出來的世界，每個人內心的喜樂或苦厄，都是創造自己生命際遇的藍本。當心中存有外在敵人之時，即同時在內心創造出猶如地獄般的痛苦境界，所以當下即要有能力做自己生命的真主。

感官覺受心反射，落在對待品降格；
唯心創造非在外，晉級生命貴顯德。

人類最大的愚癡盲點即是將心向外執取、認知、判斷，把心的功能用錯了方向，產生了不良的作用，造成生命沉淪的惡性循環。

　　面對外在的一切，必要把持善良的天性，不陷入厭惡、成見的分別心去思慮，方能吸納宇宙光明的能量氣場流入自己的浩瀚心海，讓生命的光輝引動美好的因緣與狀態呈現。

　　人不論遇到任何問題，都不可失去善良的真心、或昧了道德、迷失了方向。若能秉持天真善性，老天自會作出最好的安排。

第三十六章　能量意識

能量意識分等級，心境清濁定高低；

內無多心外不取，清靜平和煩惱離。

　　每個人的意識程式決定其能量品質之等
級，靈等分佈於宇宙法界呈現高低之分差，則
取決於心境狀態所釋放出的能量質地是清澈或
是重濁。

　　人入於現實之物質宇宙空間，必然會隨著
境相而產生情緒之起伏，使得心難以保持初始
之清明澄澈。

　　雖然人因受到外界環境的衝擊而有機會向
內心去反思，並探索自己生命的實相，然而由
於人心複雜多變，常將世上原本單純之事務透
過自我的認定與解讀，形成一股稠密、低頻的

意識能量結構，環繞在自己身上，以致生理與物理受到心理的影響，造成內外氣場失衡，使得身軀五行受到極大的損害。究其根本，無非是自己的心理狀態所造成的結果。

人內在的思想觀念有其與生俱來的一股力量，即是業力所產生的作用力，使念頭甚難擺脫原有意識的牽引。這即是為何人需要透過修持來澄心淨意，擺脫習性與固化意識的糾纏，以免再墜入輪迴。

世人成天希望自己身心健康快樂，但滿腦子所裝載的都是人我、是非、分別、執著，加上妄想紛飛，又如何能盼望身心得到安寧？這也是人類生存的迷思，也是最顛倒的妄想：心中盼望能有幸福快樂的人生，但意識程式卻設定在十分紛亂的模式。

煉就內心不動、對境不執取的功夫，是邁向光明人生的第一步，但人往往錯用了心，反而將自己困陷得更深。甚至未開始修行時，可

能心地還能保持單純，可是一旦走上修行之路，心中份外的意圖愈發強烈，反而離清靜、平等的真心越來越遠。

人類修正思想改變生命很重要，但若是被所信仰的宗教控制了自己的思想，或障礙了自己的心智，則是值得深思的。

能量意識是生命狀態的基本結構，也是生命內容的全部，因此若想提高生命的層次，則要正視自己的心是處在何種狀態與高度。觀心者須知：在觀察自己的起心動念時，必要避免落入一個巨大的陷阱，因為眾生往往凡事都離不了執取的習性，所以反而可能於觀心之時生起更多妄念，離清靜的本來更加遙遠。

提升生命的竅門在於放下起伏不定的妄念，最好在歷事應對之後立即放下所有的相關認定，以淨空意識的方式將原本可能固化的意識程式破解。

生命層次心為王，能量高頻意識穿；
巧妙應對隨機緣，空心轉化萬德彰。

　　一般凡夫熱衷於追求有形之物質。有覺性、知道要修心養性的人卻往往不知方向，盲目地隨波逐流，心不定性，以致雖鑽研了許多道理，反而形成稠密的意識形態，使得自己更難回復清靜無染的原始狀態。

原本放下並不難，人心作怪意識纏；
正邪是非心裡住，不知皆是煩惱關。
奉勸世人心單純，隨緣盡份人間禪；
藉境試煉道人心，菩提自性自宛然。

　　要止息痛苦，先遠離顛倒；要除滅煩惱，先止息妄心。

（註：凡夫對人生的四種顛倒見：身是不淨以為淨、所受是苦認為是樂、心的念頭無常誤以為常、諸法現象無我卻執著是我。因此佛以四念住令眾生觀想，以出離生死，即：觀身不淨、觀受是苦、觀心無常、觀法無我。）

跋

（2020.11.4.）

意識程式造循環，觀念主導人生觀；
禍福苦樂心感召，破解執念境相轉。

　　生命之形成皆與環境、心識的能量有直接
的關係。人不了解此原理，終生隨順著自己的
感官覺受取捨好惡，使得內心無法安處在平靜
的狀態。

　　由於心態不定，造成行為處事的反覆顛
倒，更甚則是為了貪圖一時的快樂而造作了許
多傷害萬物眾生的事情，以致將自己的心、
身、靈都陷在極度不平衡的情況，被不良的氣
息包圍。這即是人類痛苦延綿不斷的主因。

　　人往往不明白，自己時時刻刻、分分秒秒

都在創造一股生命能量，而此股能量的品質決定了生命體的際遇好壞，但最大的控制力量即是人的習慣性思考模式。這種習慣亦是由一股力量牽引而形成，而牽引力道的來源正是心的作用，因此不要輕忽自己的每一個起心動念，因為念頭的疊加最終將形成固化的意識形態，成為每個人獨有的氣稟與人格特質，決定了他的運途與下一世的生存國度。

破解生命周而復始循環的密碼，即在於將固化的意識更新、轉化。人在有形有象的生存環境中，正是透過了實際的人事因緣遭遇，來迫使自己在面對事務因緣時，以智慧化除困難，甚至更進一步從應對事務的過程中，了悟生命如夢如幻的無常真諦。

一個人若能從慣性的心理意識程式解脫出來，必然能使心智更加增長，令自由度擴展。最終極的破解目的，是連一絲一毫的僵化意識程式都不存在，心中沒有任何執念，如此才能

回歸到自由自在的世界。

　　本末顛倒是人所慣用的意識程式，由於分別、我執的習性，又加深了認知的障礙。尤其是在遇到不順遂的事務時，人往往都是從事務的表象去尋求解決方法。殊不知**問題的發生，其癥結並不在於外相與結果上，而是同心態與觀念密切相關。**

　　生命的本質最主要的目的，是要提高生命的品質，不再因意識能量的內容而使其困陷於任何一種狀態，因此欲讓生命晉升、進化，必須破解舊有意識程式的框限，讓意識活化，達到自然、無所造作的情況，方能不再受僵化思惟觀念綑綁，使得心智能往更上一層發展。

　　意識程度分境界，生命品質有進階；
　　更新思惟要破解，靈活善用有智慧。

　　破解意識須徹底推翻固有的慣性習氣。人

就是因為擺脫不了習氣的糾纏，以致長久處在身不由己的幻象中，卻渾然不知這種幻境正是自我意識建構出來的。

中華燃燈印心協會簡介

立案：台內團字第1080077600號函立案。

宗旨：

　　本會為依法設立、非以營利為目的之社會團體，以「從身、心、靈、炁的關係，探索宇宙生命的真相與人生的目的，並藉著印心的方法，點燃自性心燈，認識真正的自己，從而改變自己的命運，健全自己的身心，創造幸福和諧的社會，並將之發揚於全世界，祈求萬世祥和太平」為宗旨。

任務：

一、舉辦讀書共修會，研讀五教聖人教化聖訓，並與現代醫學生物科技相互印證，以破除迷信，同時探討宇宙生命演化實相，開發自性潛能，了知人生目的。

二、禪修靜坐，動靜結合，啟發潛在生命能量，打通全身氣脈，連結宇宙神秘能量，活化細胞生命力，提高自身的免疫系統與自癒能力。

三、透過因果法則，藉返觀自性，自我反省，懺悔發願來知命，了緣，解冤，出迷登清，突破人生困境，轉換人生。

四、關懷社會弱勢團體，提供各項資源協助解決一時之困，弘揚傳統文化，推行道德教育，淨化人心，打造溫馨祥和社會。

五、整合文創業、生態環保、休閒養生、心靈開發、有機農場、花卉園藝、老人安養等相關身心靈的各項技術、人才、通路、資

金等資源，創造新型態商業模式，協助本
會會員謀生創業，利潤回饋，循環共生。

例行性活動

1. 天書著作 每週三 19：30～21：30

2. 濟世祭解 每週四 15：00～17：00

3. 總堂共修 每週五 13：00～17：00

4. 台北共修 每週四 19：30～21：30

5. 仙佛聖示 每週五 18：30～21：00

6. 師資培訓 每週六 09：00～12：00

7. 佛學釋疑 每週六 13：00～15：00

8. 專題講座 每月第二週週六 13：00～15：00

9. 一日禪修營 每年4、8月週六 08：00～20：00

共修交流分享項目

1. 台北與桃園兩處授課及讀書會、功法共修。

2. 提供出版書籍流通結緣。

3. 共修讀書會。

4. line與fb線上提問及群組分享與討論。

5. 人生疑難釋疑開示。

6. 專題講座課程。

◎修行多年，想要再精進突破嗎？

◎人身難得，此生究竟為何而來？

◎什麼是真正的我啊？

◎想了解宇宙的生命真相嗎？

◎有可能「見性成佛、一世成就嗎？」

◎什麼是「佛乘心法」？與道家「丹道」有何
異同？

◎人生到底有多長？有沒有輪迴？

◎有那些身心因素，讓現代醫學束手無策？

◎什麼是DNA、RNA、QNA？

◎業力討報可怕嗎?該如何掌握此一契機？

◎什麼才是健康的人生？

◎心靜不下來怎麼辦呢？

歡迎您來一探究竟！

一起來學習，一起進步，一起於此生成就。

國家圖書館出版品預行編目資料

破解意識程式 ／韓乃國、李圓 合著. —初版.—
桃園市：中華燃燈印心協會，2021.5
　　面；　公分.
ISBN 978-986-98818-2-1（平裝）

1. 佛教修持 2. 佛教教化法

225. 7　　　　　　　　　　110000341

破解意識程式

作　　者　韓乃國、李圓

校　　對　陳桂彬

發 行 人　韓乃國

出　　版　中華燃燈印心協會

　　　　　330桃園市桃園區龍泉六街190號

　　　　　電話：（03）379-6843

　　　　　網址：lingmingfo.com

設計編印　白象文化事業有限公司

　　　　　專案主編：陳逸儒　　經紀人：徐錦淳

經銷代理　白象文化事業有限公司

　　　　　412台中市大里區科技路1號8樓之2（台中軟體園區）

　　　　　出版專線：（04）2496-5995　　傳真：（04）2496-9901

　　　　　401台中市東區和平街228巷44號（經銷部）

　　　　　購書專線：（04）2220-8589　　傳真：（04）2220-8505

印　　刷　百通科技股份有限公司

初版一刷　2021 年 5 月

定　　價　280 元

靈明佛乘宗官網

靈明佛乘宗line官方

靈明佛乘宗FB